Bedenin Dili

PSİKOLOG PROFESÖR DR. ZUHAL BALTAŞ, Bursa'da doğmuş, ilköğrenimini hekim olan babasının görevleri sebebiyle İstanbul dışındaki şehirlerde tamamlamış, ortaöğrenimini Eskişehir Koleji'nde yapmış, yükseköğrenimini İstanbul Üniversitesi Edebiyat Fakültesi Psikoloji Bölümü'nde 1968-1971-72 yılları arasında tamamlamıştır.

Cerrahpaşa Tıp Fakültesi Halk Sağlığı Anabilim Dalı'nda 1975 yılında göreve başlamış, "İlkokul Çocuklarında Stres Ölçümü" konusundaki çalışmasıyla 1981 yılında Tıp Bilimleri Doktoru (M. Sc. D) olmuştur.

Aynı anabilim dalında Sağlık Psikoloğu olarak çalışmalarını sürdüren Zuhal Baltaş stres konusundaki çalışmalarına paralel olarak, Sağlık Davranışı ve Sağlık İnanç Modelleri konularında akademik çalışmalar yapmaktadır.

"Stres ve Başaçıkma Yolları" adlı kitabın yazarlarından olan Zuhal Baltaş, Sağlık Psikolojisi konularında çeşitli araştırmalar yapmış ve yayınlar hazırlamış, pek çok eğitim programının eğitici kadrosunda yer almıştır.

1993-1994 akademik yılında Londra Üniversitesi St. George Tıp Fakültesi'nde kültürler arası araştırma grubunda Araştırma Onur Üyeliği unvanıyla görevli bulunmuş, Azınlık Gruplarında Stres Düzeyleri ve Sağlık Davranış Modellerinin Kültürler Arası Farkları konularında çalışmalarını sürdürmüştür.

1989 yılında Doçent, 1996 yılında Profesör olan Zuhal Baltaş, Dr. Acar Baltaş'la evli ve iki çocuk sahibidir.

PSİKOLOG PROFESÖR DR. ACAR BALTAŞ, ortaöğrenimini İstanbul Erkek Lisesi'nde tamamladıktan sonra, İstanbul Üniversitesi Edebiyat Fakültesi Psikoloji Bölümü'nden mezun olmuş, Cerrahpaşa Tıp Fakültesi'nde Klinik Nörofizyoloji Dalı'nda yüksek beyin fonksiyonları konusunda doktora çalışması yapmış, 1981'de Tıp Bilimleri Doktoru (M.Sc.Dr.), 1986 yılında Uygulamalı Psikoloji Doçenti, 1996 yılında Profesör olmuştur.

1982 yılında Amerika Birleşik Devletleri'nde stres azaltma teknikleri "biofeedback" ve beyin yıkımlarının bilgisayar aracılığıyla rehabilitasyonu konusunda çalışmalar yapmıştır. Eşi, Psikolog Dr. Zuhal Baltaş ile 1983'ten bu yana "Stresle Başaçıkma Seminerleri"ni yönetmenin yanı sıra, Türkiye Sanayi Sevk ve İdare Enstitüsü (TÜSSİDE)'nün hazırladığı çok sayıda eğitim programında görev almış, THY'nin reorganizasyon çalışması içinde "davranış düzenleme" eğitim projesini yürütmüştür. Türkiye'de ilk kez düzenlenen Müsteşarlar Eğitim Programı'nda ve Ana-Baba Okulları'nda eğitimci olarak görev almıştır. Bunların dışında "Ekip Oluşturma ve Geliştirme", "Sunuş Becerisini Geliştirme ve Bedenin Dili", "Görüşme Teknikleri" ve "İnsana Yatırım" konularında seminerler vermektedir.

Dr. Zuhal Baltaş'la birlikte yazdıkları "Stres ve Başaçıkma Yolları" ve "Bedenin Dili" adlı kitaplarının yanı sıra, öğrenmenin bilimsel temelleri konusundaki çalışmalarını derlediği "Üstün Başarı", Doç. Dr. Uğur Tuzlacı ve Ayşe Toygar'la birlikte yazdığı "Sağlıklı Zayıflama" adlı kitabı ve yurtiçinde ve dışında yayımlanmış 90'dan fazla bilimsel çalışması bulunmaktadır.

1993-1994 akademik yılını Londra Üniversitesi St. George Tıp Fakültesi Psikoloji Bölümü'nde misafir öğretim üyesi olarak geçirmiş olan Prof. Dr. Acar Baltaş, çalışmalarını halen Baltaş-Baltaş Eğitim, Danışmanlık Merkezi'nde sürdürmekte ve Türk A Milli Takımı'nın psikolojik danışmanlığı görevini yürütmektedir.

Prof. Dr. Zuhal Baltaş ile evli ve iki çocuk babasıdır.

Psikolog Prof. Dr. Zuhal Baltaş
Psikolog Prof. Dr. Acar Baltaş

Bedenin Dili

İletişim Becerilerinizin Anahtarı,
Sessiz Diliniz

17. Basım

Remzi Kitabevi

BEDENİN DİLİ / Acar - Zuhal Baltaş

Fotoğraflar: Mustafa Sözer
Kapak: Ömer Erduran

Kitapta resimleri yer alan sanatçılar:
Vecihi Ofluoğlu, Yonca Avcıoğlu, Alan Ofluoğlu

ISBN 975-14-0309-X

BİRİNCİ BASIM: Ocak, 1992
ON YEDİNCİ BASIM: Nisan, 1998

Remzi Kitabevi A.Ş., Selvili Mescit Sok. 3, Cağaloğlu 34440, İstanbul.
Tel (212) 513 9424-25, 513 9474-75, Faks (212) 522 9055

WEB SAYFASI : http://www.remzi.com.tr
E-POSTA : post@remzi.com.tr

Remzi Kitabevi A.Ş. tesislerinde basılmıştır.

Teşekkür

Resim çalışmalarıyla ilgili en büyük yükü üstlenen İstanbul Üniversitesi Devlet Konservatuarı Opera ve Bale Bölümlerinde sanatçı ve öğretim görevlisi Vecihi Ofluoğlu'na; profesyonel kariyerlerini cömertçe sunan Yonca Avcıoğlu ve Alan Ofluoğlu'na; kitabı artistik yaratıcılığı ile fotoğraflayan Mustafa Sözer'e, grup çalışmalarına katılarak daha zengin görüntülerin oluşmasını sağlayan Dilvin Ofluoğlu, Fatma Bağlar, Burak Elçi, Yücel Özeke ve Fatma Karaca'ya; beden dili konusunda Türkiye ile ilgili değerlerin belirlenmesine yardımcı olan Seher Tokelli, Banu Bingöl, Gül Uyan, Emine Yıldırım'a, kapağı tasarlayan Kirkor Sahakyan'a, çalışmanın her aşamasında bize yardımcı olan Yasemin Duman'a ve olağanüstü özeni ile içeriği düzenleyen editörümüz Erol Erduran'a teşekkür etmek bizim için en zevkli görevdir. Katkıları bu eserin size ulaşmasına sağladı.

Sunuş

Sosyal psikologların uzun yıllar sürdürdükleri çok sayıda araştırmanın sonucuna göre insanların birbirleriyle yüz yüze kurdukları ilişkilerde sözsüz mesajların etkisi % 90 oranındadır. Sözsüz mesajlar jestler, göz ve baş hareketleri, beden duruşu, yüz ifadeleri, mesafe, temas gibi beden dili öğeleriyle ifade edilir. Bu mesajlar, düşmanlık, sıkıntı, güven, saldırganlık, hoşlanma ve benzeri gerçek duygu ve tavırları yansıtmak konusunda, söylenen kelimelerden çok daha önemli rol oynarlar. Söze dökülmeyen bu mesajlar, özellikle diğer insanlar üzerinde yaratılan ilk izlenim sırasında son derece önemlidirler.

İlk İzlenimin Önemi

"Bir görüşte âşık olmanın" iş hayatındaki karşılığı "ilk izlenimdir." Dünyada tekrarlanamayacak olan tek şey ilk izlenimdir. İnsanlar üzerinde yarattığımız ilk izlenim 30 saniye içinde oluşur. Bu süreyi bilinçli olarak kullanmak, karşımızdakiler üzerinde istediğimiz izlenimin doğmasına imkân verir.

Bu kitap beden dilinin çeşitli yönlerini açıklamaktadır. Bu açıklamalar iş toplantılarında ve mülakatlarda, gündelik hayatta insanlararası ilişkilerde sözsüz iletişimle ilgili algınızı ve anlayışınızı artıracaktır. Böylece kendi beden dilinizi geliştirerek, kişisel gelişiminize katkıda bulunacak ve yüz yüze ilişkilerde daha başarılı olacaksınız.

Bu kitap, mesleği ne olursa olsun her insanın yüz yüze kurduğu ilişkilerde söze dökülmeyen ipuçlarından yola çıkarak, kendisini ve çevresi ile ilişkilerini tanımasına ve geliştirmesine imkân sağlamak amacıyla kaleme alınmıştır.

Beden dili yaşanan şartlar içinde, birbirini izleyen hareketlerle değer ve önem kazanan, ses tonu ile desteklenen ve kelimelerle son şeklini alan karmaşık bir süreçtir. Kitapta anlatım açısından kolaylık sağlamak için büyük çoğunlukla her beden dili öğesi tek tek ele alınarak incelenmiştir. Oysa gerçekte beden dilini yukarda anlatılan bütünden ayırmak yanıltıcı olabilir. Bu sebeple beden dilimizi değerlendirirken, hareketleri ortaya çıkartan şartlar ve hareketlerin ortaya çıkma sırası büyük önem taşımaktadır.

Kitabımızın amacı, size diğer insanlarla ilgili bilgiler edindirmek, onların gizli düşünce ve duygularını okutmak ve böylece onlara üstünlük sağlamanızda yol göstermek değildir. Kitabımızın temel amacı okuyucunun kendi davranışları ve diğer insanların davranışları ile ilgili anlayışını geliştirmektir.

Bu noktada esas olan bilginin niteliği değil, kullanılış biçimidir. Bu da insanın hayat karşısında aldığı temel tavırla ilgilidir. Bazı insanlar bilgilerini, kendilerine ve çevrelerindeki insanlara yaşamı zorlaştırmak için, bazıları da kolaylaştırmak için kullanırlar.

Beden dilinin ve beden dili ile ilgili işaretlerin öğrenilmesi ve bilinçli olarak uygulanması insanların kendilerini daha iyi tanımalarına ve ilişkilerinde daha etkili olmalarına, diğer insanlara karşı anlayış ve hoşgörülerini geliştirmelerine yardımcı olur.

Türk Toplumu İle İlgili Değerler

Kitabın ilk üç bölümünde iletişim konusundaki temel bilgiler ve iletişim öğeleri anlatılmıştır. Daha sonraki yedi bölümde ise beden dilinin insan hayatındaki yeri, önemi ve uygulamasına çok sayıda örnekle yer verilmiştir. Böylece "Bedenin Dili" gibi, bütünüyle hayatın içinde yer alan bir konunun, okuyucunun hayatıyla bütünleşmesi ve okuyucunun kazandığı bilgileri özümleyerek kullanmaya başlaması amaçlanmıştır.

Beden dili evrensel özellikleri sebebiyle bir yönüyle kültürden ve toplumsal yapıdan bağımsız olma özelliğine sahipken, bir yönüyle de kültürel ve toplumsal yapıya sıkı sıkıya bağlıdır. Bu sebeple kitapta beden dili konusunda Türk toplumu ile ilgili araştırma sonuçlarından elde edilen bilgilere yer verilmiş ve böylece elinizdeki çalışma Türkiye'de kendi alanında yayımlanan ilk kitap olma niteliğini kazanmıştır.

Sevmenin Yolu Anlamaktan Geçer

Yirmi yıla yaklaşan meslek hayatımızda edindiğimiz en temel inançlarımızdan birisi, sevmenin yolunun anlamaktan geçtiğidir. İnsanlar arasındaki şüphe ve korku, her zaman bilgisizlik ve uzaklıktan kaynaklanır. Bu sebeple insanları anlamayı kolaylaştıran her bilginin insanları birbirlerine yaklaştıracağına, aralarında anlayış ve sevgi oluşturacağına inanıyoruz.

Kitabımızın, okuyucularımızın beden dillerini hayat amaçları doğrultusunda kullanmaları için anahtar olması; kendilerine eleştiri, çevrelerine hoşgörü geliştirmeleri dileğiyle.

Zuhal - Acar Baltaş
1 Aralık 1991

İçindekiler

Giriş

BEDEN İÇ DÜNYAMIZIN ELDİVENİDİR

İnsanlar konuşarak anlaşmayı geliştirmeden önce, beden dilleriyle anlaşırlardı. Beden dili insanların ilk anlaşma aracı ve ilk dili olmuştur. Bedenlerinin dili aracılığıyla insanlar duygularını, düşüncelerini, isteklerini, ihtiyaçlarını ve ruhsal zenginliklerini başka insanlarla paylaşmışlardır.

Bugün artık geçmişte olduğu gibi beden ve ruh birbirinden ayrı olarak düşünülmemektedir. Ruh ve beden birbirinden ayrılmaz bir bütündür. Ancak kendimize sormamız gereken soru şudur : "Bedenim benim sahip olduğum şeylerden sadece biri mi, yoksa ben bedenimden mi ibaretim." Bugün birçoklarına göre bu sorunun cevabı çok açıktır: Yaşadıkça ve başka insanlarla iletişim içinde bulundukça, ben bedenimden ibaretim.

Günümüzde dünyanın en çok konuşulan dili olan İngilizce'de bu kimlik problemini açıkça vurgulayan sözcükler vardır. Örneğin bu dilde "birisi" anlamına gelen *"somebody"* ve "hiç kimse" anlamına gelen *"nobody"* sözcüklerinin her ikisinde de bulunan *"body"* sözcüğü "beden" anlamına gelmektedir. Beden olmaksızın varlık olmaz ve dolayısıyla insanın kendisiyle ilgili bir kavram da söz konusu olamaz.

Bedenimiz iç dünyamızı saran bir eldivendir ve varlığımızın dünyaya açılışıdır. Bu varlık ancak bilinçli bir duyarlılıkla kavranabilir.

Halk arasındaki yaygın görüşlerin ve dinlerdeki cezalandırıcı yaklaşımların etkisiyle; bedenin isteklerinden kaçınılması ve bedeninin terbiye edilmesi gerekir. Bedensel arzular ahlaka aykırıdır ve günahtır. Bu anlayış açısından beden olumsuz bir varlık olarak algılanır. Belki bu inançların etkisiyle insanlar dikkatlerini bedenlerinden uzak tutmuşlar ve bedenlerine karşı olumsuz bir tutum içine girmişlerdir. Bu da bedenimize gitgide yabancılaşmamıza sebep olmuştur. Güçlüğün temelinde, bedenimizi kabul etmemek ve bedenimizle olan ilişkilerimizi özgürce ve bilinçli olarak yaşamamak yatmaktadır.

Biz kendimizi ve çevremizi ancak kendi bedenimizle algılayabiliriz.

Sinir sistemi ve duyu organları çevreden aldıkları uyaranları beyne gönderirler. Bu uyaranlar beyinde iki yönlü değerlendirilir. Birincisi yaşantının kendisinin, ikincisi de bu yaşantının hoş veya nahoş olarak değerlendirilmesidir. Bu değerlendirmeleri kullanarak dünyaya karşı kendi ihtiyaçlarımız doğrultusunda bir tavır alırız.

İLK DİLİMİZ BEDEN DİLİMİZDİR

Anadilimizden başka bir dil öğrenmek için, zaman ve enerji harcarız. Bir yabancı dili, iyi öğrendiğimiz ölçüde kendimizi daha iyi ifade edebilir, karşımızdakini daha iyi anlarız. Temel dilimiz olan bedenimizin dilini öğrenmek için neden zaman ayırmadığımızı anlamak güçtür. Hiç kimse beden dilinin ifadelerinden kaçamayacağı veya bunu bastıramayacağı için, bu dili öğrenmeye çalışmak çok yararlıdır. Böylece kendi dünyamızı yansıtma biçimimiz ve birlikte yaşadığımız insanların iç dünyalarıyla ilgili önemli bilgilere sahip oluruz. Aslında her insan, beden dili konusunda bildiğini düşündüğünden, çok daha fazlasını bilir.

Eğer beden dilimize önyargısız ve cesaretle yaklaşırsak birçok görüşme ve karşılaşmanın sonucunu başarılı kılmamız mümkün olur. Duyguların ve düşüncelerin kelimelere dökülmediği durumlarda bunu çok açık olarak hissederiz. Böyle anlarda bir bakış, başın bir dönüşü, kavrayan bir jest, savunucu bir mimik binlerce kelimeden fazla anlam taşır. İnsanlar kelimeleri, çoğunlukla gerçek duygu ve düşüncelerini örtmek için kullanırlar.

Bir bebeği gözleyerek, ailesinin ondan beklediği beden davranışlarını zamanla nasıl geliştirdiğini izleyebiliriz. Bu olmasaydı, bebeğin ailesi tarafından anlaşılması mümkün olamazdı. Gelişim temel olarak daima aynı kalıbı izler ve çocuk, bedeninin davranışlarını içinde yaşadığı aile çevresine uydurur.

Genç bireyler de yaşadıkları çevrede duygu ve düşüncelerini beden dilleriyle kelimelerden çok daha açık bir şekilde ifade ederler. Gençlerin, kendi çevrelerinde geçerli olan normlara karşı çıkışları da, kelimelerden çok daha güçlü olarak beden diliyle ortaya konur. Bunu gençlerin hem bir başkasıyla olan sıradan ilişkilerinde, hem de yetişkinlerle olan teşhirci davranışlarında görmek mümkündür. Ana-babalar, öğretmenler bunu "kötü davranış" olarak kabul edebilir ve öfkelenebilirler. Böylece gerginlik ve halk arasındaki ifadesiyle "kuşak çatışması" ortaya çıkar. Bütün bunların nedeni beden işaretlerini anlayamamamız ve yanlış değerlendirmemizdir.

Genç bir insanın elini sallaması ve omuzlarını silkmesini, yaşıtları kayıtsızlık ve isteksizlik olarak algılarken, anne-babası veya öğretmenleri saygısızlık veya saldırganlık olarak algılarlarsa, bu onların öfkelenmelerine sebep olur. Böylece bir yanlış anlama giderek bir çatışmaya dönüşür.

Bu yanlış anlamanın sebebini kavramak çok kolaydır. Yetişkinlerin sosyal rollerdeki beden dilinin başka bir kodu vardır. Bütün yetişkinler işyerlerinde ve toplumsal rollerinde belirli beklentileri karşılamak zorundadır. Bir işçi, bir yönetici, bir doktor, bir şoför için farklı davranış kuralları söz konusudur. Bu beklenti ve normlar beden dilini de şekillendirir. Beden dili aynı zamanda bize sosyal rolleri gösteren bir aynadır.

Sosyal statü ve bir grup içindeki hiyerarşi; bireyin kendisini grup içinde algılayışı, grubun yapısı ve insanların toplumsal konumlarını beden dilleri ile yansıtmalarından anlaşılır. Beden dilinin kelimelerden çok daha kolay anlaşılma özelliği ise hiç değişmez.

Bu kitabı okuduktan sonra girdiğiniz bir topluluk içinde kendinizi ve çevrenizi gözleyerek, insanların birbirlerine karşı olan gerçek duyguları, sizi algılayış biçimleri gibi birçok değerli bilgi edinecek ve sizinle ilgili izlenimi etkileme şansına sahip olacaksınız.

İnsan hayat boyunca çoğunlukla farkında olmaksızın günlük beden dilini son derece etkili olarak kullanır. Ancak bedenini, kelimeleri kontrol ettiği gibi kontrol edemez. Bedenimiz olaylara veya durumlara karşı çok daha fazla – kendiliğinden – tepkiler verir. Gerçek duygu ve düşüncelerimizi kelimelerin arkasına gizlemek belki mümkündür ama, beden dilimizi gizlememiz çok kere mümkün değildir. Duygu ve düşüncelerin anlaşılmasında kelimeler değil, beden esastır.

Beden Dilimiz Topluluğu Nasıl Etkiler?

İnsan bilerek veya bilmeyerek yaptığı hareketlerle sadece karşısındaki kişiyi değil, büyük toplulukları bile, – onlar bunu tam anlamı ile farketmeden – etkilemekte ve yönlendirmektedir. Bu konuda kendi yaşadıklarımızla ilgili, aşağıda vereceğimiz örnek, beden dilinin insanları etkilemek konusunda ne kadar önemli olduğunu gösterecektir.

Gerek eğitim seminerleri sırasında, gerek sınıfta ders anlatırken sık sık topluluk karşısında konuşuyoruz. Aynı konuyu hemen hemen aynı kelimelerle anlattığımız halde, bazı seminerlerde dinleyicilerin son derece olumlu katılımı ile karşılaşırken, bazı seminerlerde de dinleyicilerin sessiz kaldıkları veya verilmek istenen temel mesajlara karşıt görüşleri ısrarla savunduklarını gözledik. Bu değişikliğin sebeplerini araştırdığımızda, sorunun bizim beden dillerimizden kaynaklandığını fark ettik.

Belirli bir mesajı verip, dinleyicilere "bu konudaki görüş, soru ve katkılarını" eğer Resim 1'deki gibi soruyorsak, topluluk konuya olumlu yaklaşıyordu.

Ancak soruyu aynı ses tonu ve aynı kelimelerle Resim 2'deki gibi soruyorsak bu defa topluluğun suskunluğu veya bazı dinleyicilerin dirençli tutumları ile karşılaşıyorduk.

Bunu fark ettikten sonra emin olmak için defalarca denedik ve sonuç değişmedi. Topluluk üç kişiden de, üç yüz kişiden de oluşsa, eğer kollarımızı ka-

***Resim 1**: Dinleyicinin katılmasını ve paylaşmasını kolaylaştıran ve ona olumlu duygular yaşatan beden duruşu.*

***Resim 2**: Katılımı zorlaştıran, dinleyicide direnç doğuran ve olumsuz duygular yaşatan beden duruşu.*

vuşturur ve geriye doğru yürüyerek topluluktan uzaklaşırsak, kelimelerimiz ne kadar özenle seçilmiş, sesimiz ne kadar okşayıcı olursa olsun, topluluk katılmakta isteksiz davranıyordu. Buna karşılık kollarımızı açıp, topluluğa doğru ilerlediğimiz takdirde, dinleyiciler konuya katılmakta ve işbirliğine girmekte son derece istekli oluyorlardı.

Bu yaşantımız bize özellikle bir topluluk önünde konuşurken, istenen mesajın dinleyicilere geçirilmesi konusunda, beden dilinin seçilen kelimelerle kıyaslanmayacak kadar önemli olduğunu gösterdi.

Daha önemlisi, dinleyicilerimizin hiçbiri "beden dili" konusunda sistemli herhangi bir bilgiye sahip olmadıkları halde, bu dilin demek istediklerini – kendileri de fark etmeden – son derece isabetle yorumluyor ve buna uygun bir tepki geliştiriyorlardı. Gerçekten de, her insan beden dili konusunda bildiğini düşündüğünden daha fazlasını bilmektedir.

Bu sebeple bu kitap herkesin bildiği bir dili bilinçle kullanmasını sağlamak için anahtar olacaktır.

BEDENİN BİR BÜTÜN OLARAK KULLANILMASI

İnsanın kendini dış dünyaya karşı ortaya koyuş biçiminin temeli göğüs açıklığını, bir başka deyişle, merkezini kullanma biçimidir. *Başka hiçbir özelliğine bakmaksızın, sadece göğüs açıklığına bakarak bir insanın kişilik yapısı ve içinde bulunduğu duygu durumu konusunda bilgi sahibi olmak mümkündür.*

Merkezin göğüs üzerinde kesişen bir yatay ve dikey eksen üzerinde dengeli olarak durması, omuzların geriye doğru genişlemeden dik olarak tutulması kendini kabul ettiren, güvenli bir görünüş ortaya koyar.

Merkezlerini ölçülü bir şekilde dünyaya açan insanlar büyük çoğunlukla diğer insanlarla sağlıklı ilişkiler içindedir. Bu tür insanlar kendi haklarını koruduklar gibi karşılarındaki kişinin haklarına da saygı duyarlar.

Merkezin kapanması, omuzların düşmesi ve kişinin hafif öne eğilmesiyle ortaya çıkan bir durumdur. Bu görünüş kişinin kendine güven duymadığını ve içinde bulunduğu durumdan rahatsız olduğunu düşündürür.

Resim 3 : *Güvenli beden duruşu. Kendinden hoşnut kişinin, merkezini dengeli olarak kullanışı.*

Resim 4 : *Çekingen beden duruşu. Bulunduğu durumdan hoşnut olmayan kişinin merkezini kullanışı.*

Resim 5 : *Saldırgan beden duruşu: Sınırlarını genişletmiş, tepki vermeye hazır kişinin merkezini kullanışı.*

Temel beden duruşları ve merkezleri (göğüs açıklıkları) Resim 4'te görüldüğü gibi olan kişiler, genel olarak hayat enerjileri düşük ve yaptıkları işten, bulundukları durumdan memnun olmayan, kendilerini güven içinde hissetmeyen kişilerdir. Bu çekingen ve kapalı bir beden duruşudur. Böyle bir görünüşe, büyük çoğunlukla zayıf ve tereddütlü bir ses tonu eşlik eder. Bu özellikteki kişiler, haklarını aramakta zorluk çektikleri gibi, kendilerini zorlayan bir talebe karşı da "hayır" demekte güçlük çekerler.

Merkezin çok fazla açılması, omuzların geriye doğru gitmesi ve kolların genişleyerek yana doğru uzanması ile olur. Kişinin sınırlarını genişlettiği bu görünüş, onun dışarıdan gelen her türlü uyarana daha şiddetli karşılık vereceğini düşündürür.

Sınırlarını genişletme davranışı, aynı zamanda hak isteme alanında da kendini gösterir. Bu görünüşteki kişi, diğer insanların hak ve duygularına da duyarsızdır. Bu tür kişiler haklarını "söke söke" alacaklarına inandıkları için çevrelerinde rahatsızlık yaratırlar.

Davranışımız İç Dünyamızı Etkiler

İnsanın merkezini kullanma biçimini ve temel beden duruş özelliğini tanımanın sağladığı en önemli yarar, yalnızca çevredeki kişileri doğru değerlendirmek değildir. Bu özelliklerin farkında olmak, kişinin kendi hayatında çok temel değişiklikler yapar.

İnsanlar büyük çoğunlukla içlerinden geldiği gibi davrandıklarını düşünürler. Oysa yakın zamanda yapılan araştırmalar, *insanların hissettikleri gibi davranmaktan çok, davrandıkları gibi hissettiklerini* ortaya koymuştur.

Canı sıkılan bir insanın kaşları çatık, yüzü asık, omuzları düşük ve merkezi kapalıdır. Hepimiz sık sık, sebepsiz bir can sıkıntısı yaşarız. Oysa çok kere kaşlarımızı çattığımız, yüzümüzü astığımız ve omuzlarımızı düşürüp, merkezimizi kapattığımız için canımızın sıkıldığını düşünmeyiz. İnsan hangi davranışını dışlaştırırsa, bir süre sonra beden kimyasında meydana gelen değişiklikler sebebiyle o yönde duygular yaşamaya başlar. Sıkıntılı bir insan gibi davranmak iç sıkıntısının artmasına sebep olur.

Sık sık omuzlarımızı düşürüp, merkezimizi kapatarak canımızın sıkıntısını artırırız, ancak, tersini yapmak pek aklımıza gelmez. Omuzlarımızı dikleştirmeyi, merkezimizi yatay ve dikey eksen çevresinde dengeli bir şekilde tutmayı (Resim 3) ve gülmeyi uygun bulmayız. Çünkü çok küçük yaşlardan başlayarak gülmenin doğru bir davranış olmadığı yönünde büyüklerimizden, telkin ve uyarılar alırız. Gülmek bizim toplumumuzun desteklediği ve cesaretlendirdiği bir davranış biçimi değildir.

Türk kültürünün gülme konusundaki geleneksel yaklaşımına ve bunun günlük hayatımıza yansımasına "Jest ve Mimikler" bölümünde değinilmiştir.

Kültürümüzün gülme konusundaki olumsuz tutumu sadece çocukluk ve gençlik döneminde değil, yetişkinlik yaşamında da sürer. "Çok güldün, ağlayacaksın", "Çok güldük, başımıza kötü bir şey gelecek" gibi sözler bu yöndeki uyarılara örnektir.

Türk kültürüyle yetişen kişiler, genellikle, "sebepsiz yere gülene deli deneceğine" inandıkları için, gülmenin gerek insanın kendi hayatı üzerinde doğuracağı olumlu etkilerden, gerek insanlararası ilişkilerde doğuracağı olumlu sonuçlardan yararlanamazlar.

Oysa halk arasında "delilik" olarak adlandırılan akıl sağlığı problemlerinin üç tanesinde hastaların en büyük özellikleri somurtkanlıkları veya ifadesizlikleridir. Bu hastalar kesinlikle gülmedikleri için halk arasındaki deyimin "sebepsiz yere somurtana deli derler" olması beklenir. Fakat geleneksel kültürümüz gülmeyi hoşgörmediği için, seçici davranmış ve sadece küçük bir azınlığı oluşturan hastalara bakıp "sebepsiz yere gülene deli derler" diyerek, insanların içinde yeşermesi muhtemel hayat sevincini küllendirmeyi tercih etmiştir.

Bütün bu anlatılanlardan çıkan sonuç şudur. İnsanın davranışı beden kimyasını değiştirir. Kendinizi sıkıntılı ve güçsüz hissediyorsanız, beden duruşunuzu ve merkezinizi kullanış biçimini kontrol edin; büyük bir ihtimalle Resim 4'teki gibi olduğunu göreceksiniz. Bu durumda yapacağınız şey, omuzlarınızı dikleştirmek, merkezinizi açmak ve yüz kaslarınızı gevşetmektir. Bunları yaptığınız zaman kendinizi daha iyi hissettiğinizi fark edeceksiniz.

İletişim

İLETİŞİMİN ÖZELLİKLERİ

İletişim, duygu, düşünce veya bilgilerin akla gelebilecek her türlü yolla başkalarına aktarılmasıdır. İletişim sözcüğü Latince *communicare* kökünden gelmektedir ve dilimizde komünikasyon, haberleşme veya bildirişim sözcükleriyle de tanımlanır.

Etkileşimin olduğu her yerde iletişim ve iletişimin olduğu her yerde de etkileşim vardır. Bu iki olgu birbirlerinin vazgeçilmez parçalarıdır.

Etkileşim içerisinde olduğumuz nesneler de canlılar da, iletişim dünyamıza girerler. Nesneler iletişimlerimizde yer alan araçlardır, canlılar ise iletişimlerimizin hedefini oluştururlar. Örneğin bir şair sevgilisine aşkını anlatırken şiirinde kadeh, şal, fildişi tarak, gül gibi nesneleri kullanarak, bu nesneler aracılığıyla duygularındaki zenginliği göstermeyi amaçlayabilir.

İnsanlararası iletişimler temel olarak duygu ve düşünce alışverişini yürütme düzenleridir. Burada ana öğe "anlatmak"tır. İletişimi kuran ve başlatan kişi kendisini, duygu ve düşünce dünyasını, ilişkilerini, ilişkilerinin kendisindeki karşılıklarını açıklamak ve karşısındakine iletmek ister. *Kişilerin anlatma eylemlerinin iletişim açısından amacı "anlaşılmak" tır.*

İletişimde anlaşmaya zemin hazırlayacak ve anlaşmayı kolaylaştıracak bazı özellikler vardır. Bu özellikler şunlardır:

1- İletişimde İlk Dakika (Başlangıç) Önemlidir

Karşı karşıya gelen iki kişi arasındaki ilk etkileşim, iletişim sürecinin önemli bir belirleyicisidir. Bu etkiyi yaratan faktörler, karşılaşılan kişinin beden dilinden, kullandığı kelimelere ve kişinin taşıdığı bütün aksesuarlardan içinde bulunduğu fizik ortam nesnelerine kadar geniş bir dağılım gösterir. İşte bütün bu faktörlerin bileşkesi *"algılayan kişinin"* değerlerinde bir yer bulur ve o çerçeve içerisinde yorumlanır. Algılayanın kişisel özellikleri ve toplumsal normları ile kalıplaşmış olan yargılar, etkileşim verilerine bağlı olarak iletişimin ilk anında bir "karar" verdirir ve insan karşısındaki kişiye zihninde bir etiket yapıştırır. Bu karar olumlu veya olumsuz olabilir.

"Duruşundan hiç hoşlanmadım", "Bakışını sevmedim", "Bir görüşte kanım ısındı", "İlk gördüğümde vuruldum", "Ben onu gördüğüm an işe yaramaz olduğunu anlamıştım" gibi değerlendirmeler, o kişi ile gelişecek iletişimin temelini oluşturur. Yalnız bu kararlarımız her zaman böylesine açık ve bilinçli olmayabilir. Kişi bunları bilinç düzeyine çıkarsa da çıkarmasa da, ilk algılarımızın oluşturduğu yargının, iletişim biçimimizde ve o kişiye atfettiğimiz değerde önemli bir rol oynadığı bilinir.

2- İletişim Bilgi Alışverişi Değildir

İnsanlararası iletişim sadece bir bilgi alışverişi değildir. Duygu ve düşüncelerin bir bilgi olarak aktarılmasındaki eylemler ve bu eylemlerin biçimi iletişimin özünü yapılandırır. Bu iletişimin evrensel yönüdür. Bilgiyi veriş biçimi, bir başka deyişle, sözlerin bedendeki karşılıkları, iletişimi değerlendirmemizde ikinci önemli noktadır. *İletişimde bilgilenmek ve öğrenmek "anlamak" değildir.* Örneğin çocuğunuz veya arkadaşınızla yapacağınız bir konuşmada – doğru iletişim kurmaya yardımcı öğelerden olan – beden dilini değerlendirmezseniz onun o gün neler yaptığını öğrenebilirsiniz, ama neler yaşadığını anlayamazsınız. *İletişimin ana amacı anlayarak kavramaktır.* Kelimelerin sözlük anlamlarını ya da sizde çağrıştırdıkları anlamları, karşımızdaki kişinin eylem biçimleri ile birlikte değerlendirmek doğru iletişime imkân verir. Kendimizden farklı olabilecek bir dünyanın anlamlarını tanımaya açık olabildiğimiz oranda, karşımızdaki insanın dünyasını kavramaya yönelebiliriz. Bu konuda en önemli yardımcımız karşımızdakinin kavramlara yüklediği anlamı, onun eylemleri ile anlamaya hazır olmamızdır.

Örneğin; eşiniz sorduğunuz bir soruya kapıdan çıkarken cevap veriyorsa, onun bu soruyla ilgili enerjisinin, sizi dinlemek ve bir sohbete başlamak yönünde olmadığından emin olabilirsiniz. Ya da "Bu ceketin başka rengi yok mu?" diye soran bir müşterinin sırtı satıcıya, yüzü de kapıya dönükse, o büyük bir olasılıkla artık alışveriş yapacak potansiyel bir müşteri olmaktan çıkmıştır.

3- İletişim Kişiye Değil Kişiyle Yapılır

İletişim başka bir kişiyle birlikte yapılandırılan bir süreçtir. İletişim, onu oluşturan bireylerden birinin aktif oluşu, diğerinin ise bu eylemi seyredişi ile kurulamaz. Eğer alıcı kişi hazır değilse, iletişim yolu tıkanır. Böyle bir ilişki; düşündüğümüz anlamda doğru ve sağlıklı bir anlama ve anlaşma doğurmaz.

Örneğin, sekreterine veya yardımcısına kızan ve yapılan geçmiş hataları gündeme getiren bir yönetici, karşısındaki kişiden bir cevap almıyorsa, büyük bir ihtimalle karşısındaki kişi, yöneticinin haksız olduğunu, öfkesinin yersiz olduğunu düşünmektedir. Buna karşılık, yönetici düşüncesini ve öfkesini ortaya koyduğu için, bundan böyle benzeri bir hatayla karşılaşmayacağını düşünmektedir. Bu tür olaylar öğretmenle öğrenciler arasında, anne-babayla çocuklar arasında sık sık gerçekleşmektedir.

Mesajları verenin duygu ve düşünceleri, iletişim sürecinin herhangi bir yerinde sözü edilen konunun tamamen dışındaki duygu ve düşüncelerle kesilebilir.

Örneğin bir çocuğun aklı oyuncaklarında olduğu ya da onlarla oynadığı bir sırada ona yemek yemenin veya ders çalışmanın yararlarından söz etmeye başlarsanız sizi dinliyormuş gibi gözükebilir. Ancak bir süre sonra sizin anlattıklarınızla hiç ilgisi olmayan ve çoğunlukla oynadığı oyunla ilgili bambaşka bir soru sorabilir. Bu durumda anne veya baba büyük ihtimalle bir gerginlik yaşar, kızgınlığını dile getirir ve iletişim kesilir. Çocuğu ile konuşmaya gayret eden anne veya babanın iletişimin kesilmesini önlemek için kızgınlığını kontrol edebilmesi, konuşmayı farklı bir açıdan sürdürmeyi ve iletişimi yeniden başlatmayı denemesi yararlı olur.

Kısacası iletişimden söz edebilmek için ortak bir platformda buluşmaya gerek vardır. Bu ortak platformda en az iki kişi, ortak paylaşım içinde iletişimi sürdürebilir. Yoksa – telefon veya telsizle yapılan iletişimde olduğu gibi – kişilerden biri hattan çıkarsa iletişim sürdürülemez. İnsanların fizik varlıklarıyla aynı ortamda bir arada olmaları iletişim içinde oldukları anlamına gelmez. İletişim süreci mesajı veren ve alanların iletişimde aktif rol almalarıyla devam eder. Aynı ortamda birbirlerine sırtını dönmüş iki kişi arasında da bir iletişim söz konusudur. Ancak bu anlamaya ve anlaşmaya dönük bir iletişim olmayıp, birbirini reddetmeye dönük bir iletişimdir.

4- İletişim Bir Bütündür

İletişimi kelimeler, eller, gözler gibi bütünlüğünden soyutlayarak ve süreçteki bir kesite bakarak değerlendirmeye çalışmak bizi yanıltabilir. Sözsüz iletişim işaretlerini veya sözlü iletişim içeriğini tek tek değerlendirerek sonuçlara varmak yanıltıcı olabilir.

Örneğin ellerin bir masaya dayanması veya bir sandalyeye ters oturmak, sözsüz iletişimimiz açısından bir destek aramak ve güvensizlik işareti olarak yorumlanır ama bu durum bazen bedenimizi dinlendirmek ihtiyacından da kaynaklanabilir. Benzer şekilde ayakta duran birinin, bacaklarını birbirine dolaması, güvensizlik ve gerginlik işareti olabileceği gibi, soğukta üşümek veya çok sıkışıp tuvalet arayışı içinde olmak anlamına da gelebilir. Bu durumların göz ardı edilmeleri iletişim değerlendirilmelerinde bizi yanılgıya götürür.

İletişim biçimindeki bütün özellikler ve iletişim süreci, iletişimin birbirinden ayrılmayan parçalarıdır.

KÜLTÜR VE İLETİŞİM

Beden dilimizle verdiğimiz mesajlar insanlarla anlaşmamızda en temel araçtır. Hem yakın çevremizde, hem daha geniş sosyal hayatımızda, hem de farklı ülke insanları ile ilişkilerimizde öncelikle beden dilimizi kullanırız ve onların beden dilleri ile anlattıklarını çözmeye çalışırız.

Yakın arkadaşlarımıza, eşimize, çocuklarımıza, duruşumuz veya bakışımızla düşündüklerimizi hissettirmeye çalışırız. Büyük çoğunlukla onlar da bu mesajları alır, düşünce ve duygumuzu anlarlar. İletişim kurduğumuz kişilerle kültürümüzdeki ortak özellikler ne ölçüde fazlaysa birbirimizin beden dilini anlamamız da o kadar kolaylaşır. Bu nedenle kişinin yaşadığı en dar çevre olan aile içinde beden dili etkili biçimde yoğun olarak kullanılır.

"Ne hissettiğimi, ne dediğimi anla" anlamına gelen jest ve mimiklerimiz yakın arkadaşlarımız, sevgilimiz, eşimiz özellikle de çocuklarımızla olan iletişimimizde büyük yer tutar. İnsan en önce beden diliyle anlaşılmayı bekler. Bu durum istediğimizin yapılmadığı ve olumsuz bir duyguyu konuşmak istemediğimiz durumlarda daha belirginleşir. Özellikle yakın ilişki içinde olduğumuz kimselerle kurduğumuz iletişimde gözümüzün içine bakılmasını ve ne demek, ne yapmak istediğimizin anlaşılmasını bekleriz. Bu tür küçük işaretlerden çıkartılan anlamlar, ilişkinin olumlu veya olumsuz yönde gelişmesini belirlemek açısından büyük önem taşır.

Aile çevresinden daha geniş bir sosyal çevreye geçtiğimizde yine beden dilimizin temel anlaşma aracımız olmaya devam ettiğini görürüz. Örneğin alışveriş sırasında bazen hiç konuşmadan bakışımız ve duruşumuzla çevremizdekilerden yardım isteyebiliriz. Onlar da bu yardım talebimizi anlayarak, isterlerse bizimle iletişim kurarlar.

Beden dili ilişkilerimizde kültürel farklar arttıkça, yabancı bir ülkede çevremizdeki insanların duygu ve düşünce akışını değerlendirebilmemiz oldukça güçleşebilir. Örneğin Washington'da büyük bir markette, ne olduğunu anlamadığımız bir malı rahatça evirip çevirip incelemek isterken, bir market görevlisi yakınımıza gelip, orada bir başka işle uğraşsa, bundan huzursuzluk duyarız. Çünkü ülkemizde böyle bir durumda, bulunduğumuz yere gelen bir market görevlisi paketleri karıştırdığımızı görünce bize "Ne arzu etmiştiniz?" diyerek müdahale edebileceği gibi "Her şeyi karıştırmayın" gibi bir uyarıda da bulunabilir. Dünyanın diğer ucuna geçip Tokyo'da bir alışveriş merkezine giren bir Türk bu kez, göz göze geldiği her mağaza görevlisinin, önünde yerlere eğilmesini hayretle izler ve belki de bir süre kendisiyle nasıl bir ilişki kurulmak istendiğini anlayamaz.

Kültür Beden Dilini Etkiler

Farklı kültür gruplarına girdikçe sözsüz iletişim mesajlarının ayrıntılarını değerlendirmek zorlaşır. Grupların sessiz dillerini anlamak için önemli ölçüde bilgilenmeye ihtiyaç vardır. Bunun için o insanların kültürünü, ilişkilerini, iletişimlerini ve dünyaya bakışlarını tanımak gerekir. *Kültür, tarih boyunca insanın doğayla ve insanla ortaya çıkmış problemlerinin ve zorlanmalarının çözüm biçimidir.* Bu sebeple kültür geçmişe bağlı olmakla beraber, geleceğin problemlerinin çözümünde de önemli bir kolaylaştırıcı role sahiptir.

Bir başka açıdan kültür, gittikçe karmaşıklaşan yaşamla başa çıkabilmesi için insanın bilgiyi kodlama modelidir. Kodlanan bilgi iletişim araçlarıyla aktarılıp, paylaşıldığı için, kültür ve iletişim birbirleriyle iç içedir.

İlettiğimiz mesajlar, bireysel ve toplumsal bilgiyi içerirler. Bilgi yukarıda belirtildiği gibi kültürün özüdür. *İnsan, yaşamının gelişmesi ve devamı için bilgiyi araştırır, oluşturur ve iletir.* Kültür ve iletişimin birbirlerine sıkı sıkıya bağlılıklarının sebebi budur.

Bilginin Kaynağı

İnsan bedenindeki milyarlarca hücrenin her biri organizmanın işleyiş planının tamamı anlamına gelen bütün genetik şifreyi barındırır. Genlerdeki 46 kromozom aracılığıyla biz de aynı şifreye kalıtım yoluyla sahip oluruz. Anneden alınan 23, babadan alınan 23 kromozom çocuğun genetik kalıbını oluşturur.

Herkes için farklı bir anda ve özgün bir oluşumda bir araya gelen bu genetik bilgi, organizmanın biricikliğini oluşturur. Bu biricik oluşum kendi kuralları içinde insanın ihtiyaçlarını ortaya çıkartan ve kişiye kimlik kazandıran büyümeyi, gelişimi ve özellikleri düzenler.

Bilginin alınışı, değerlendirilişi, geri bildirimi ve bunlar için gerekli olan enerji insan bedeninin ve organizmasının büyük ve çok gelişmiş bir haberleşme sistemi olduğunu gösterir. İnsanın bir yönü ile iç faaliyetleri, bir yönü ile de davranışları bu haberleşme sistemi içinde yer alarak düzenlenir.

Bir sistem bilgi akışını geliştirdiği ve bu bilgileri işlediği ölçüde üstünlük kazanır. Dolayısıyla insan sahip olduğu karmaşık "bilgi işleme" sistemiyle, bilgiyi diğer canlılardan daha farklı düzeyde alır ve değerlendirir.

Peki, o halde bilgi nedir? Her bilgi organizma için yeni bir uyaran mıdır? Bu sorunun cevabı hayırdır. Çünkü dış dünya çok farklı bilgilerle doludur. Bunların sadece bir bölümü bizim için gerçekten yenidir. Ne var ki biz çevremizdeki dünyadan sadece belirli uyaranları seçer ve duyu organlarımız yoluyla sadece bunları algılarız. Bu konuda son derece *seçici* davranırız ve *dış dünyadaki sayısız bilgi arasından sadece ihtiyacımız olanları veya ihtiyacımız olacağına inandıklarımızı seçeriz.*

Bizim için "var" olanlar, sadece iletişim kurmak için seçtiklerimiz ve ihtiyaçlarımız açısından sisteme aldıklarımızdır. Sistem, iletişim açısından aldıklarını seçişinde de, verdiklerini seçişinde de esas olarak tavrını bedeniyle ortaya koyar.

İnsan kendi dengesini korumak için daima bu temel bilgiye başvurur. Örneğin, görmeyi istemediğimiz bir durum karşısında gözlerimizi kaparız, otururken başımızı geri çekeriz, ayakta bir adım geriye atarız. Arkamızdan gelen bir ayak sesi bizi huzursuz ediyorsa daha hızlı yürüyerek bundan uzaklaşmaya çalışırız. İç dengenin korunduğu ve ifade edildiği durumlarda insanların beden dili ortaktır.

Temel yaşamsal değerlere ilişkin duygu ve düşüncelerin ifade edilmesi konusunda yapılan "kültürlerarası" araştırmalarda önemli benzerlikler bulunmuştur. İnsan dünyanın her yerinde şaşkınlığını veya öfkesini, sahip olduğu aynı yüz kaslarını çok benzer şekillerde kullanarak ifade eder.

Şimdi yukarıda sözünü ettiğimiz örneklerin ayrıntılarına girelim : İnsanın herhangi bir şeyi görmek istemediğinde, psikolojik iç dengesini korumak için, gözlerini kapatarak görme duyumuna giden iletiyi kestiğini söylemiştik. İnsan dünyanın her yerinde kendisini korumaya çalışır, ama koruma biçimi kültüre bağlı farklılıklar gösterir. Örneğin bazı kültürlerde gözler tek elin avuç içi ile kapatılırken, bazılarında da bakış yönü değiştirilir veya sadece göz kapakları kapatılır.

Beden dilimizin bir bölümü mağarada yaşamış atalarımızdan miras kaldığı için, insanın doğa ile etkileşiminden kaynaklanır. Buna canlılığın temel bilgilerini oluşturan *insanlığın ortak sessiz dili* de denebilir. Bu dilin içinde dünyanın çeşitli yerlerinde yaşayan insan topluluklarındaki benzerlikler ve ortaklıklar vardır.

İNSAN-İNSANA İLETİŞİM

İnsan – insana olan iletişimde ise, doğa – insan arasındaki iletişime kıyasla daha üst düzeyde ve karmaşık sembolleştirmeler vardır. İnsanla olan iletişimde benzer anlamlar ve yöresel kültüre ait özellikler daha ayrıntılı olarak çeşitli biçimlerde ifade edilir.

Günümüzün modern toplumlarında insanlar, yukarıda sözü edilen biyolojik kökenli iletişimlerin yanı sıra, teknolojinin sağladığı, televizyon gibi yeni iletişim araçlarıyla birbirlerinden haberdar olurlar. Bunun sonucu olarak da dünyanın çok farklı yerlerinde yaşayan insanların, birbirlerine oldukça benzeyen ifade ve beden dili özellikleri oluşur. Ancak bu genel özelliklere bakarak, iletişimde kültürel farkların önemli olmadığını düşünmek hatalı olur.

İletişim mesajlarını biraz daha ayrıntılı incelersek, insanın kendi kültüründen kopmasının ne kadar zor olduğunu görürüz. İletişimde vericinin mesaja yüklediği anlam içinde, kendi kültürünün dünyayı algılayış biçimi ve o kişiye ait bireysel bütünlük vardır. İnsanın bireysel ihtiyaçlarını ifade biçimi, içinde yaşadığı ailenin ve toplumun değerleri ile etkileşim içindedir.

Örneğin, bir Türk taksi şoförünün müşteri ile kurduğu ilişki ile Japon taksi şoförünün kurduğu ilişki farklıdır. Büyük çoğunlukla, Türk taksi şoförü atak, konuşkan ve samimi; diğeri ise çekingen, suskun ve mesafelidir.

İnsanın biyolojik temele dayanan evrensel kökeninin gelişimsel ortaklığı ile tekniğin sağladığı imkânlar birleşince iletişim biçimlerinin hızla değişeceği düşünülebilir. Bu yaklaşım bir ölçüde geçerli olmakla birlikte, söz konusu değişiklikler büyük ölçüde yüzeysel değişikliklerdir. Çünkü kültürün ana yapısını oluşturan zihinsel süreçler oldukça yavaş değişir.

BENZERLİĞİN SINIRLARI

Günümüzde farklı toplumlara ait insanlar birbirleriyle oldukça çabuk ve kolay ilişki kurabilmektedir. Televizyondaki dizilere bakıp, kendi yaşantımızı Batı yaşama biçimiyle özdeş görebilir, bir sokak kahvesinde bir Avrupalı veya Amerikalıyla yüzeysel bir dostluğu kolayca başlatabiliriz.

Ayrı toplumlarda veya ayrı gruplar olarak yaşarken görünüşteki benzerlik, "aynı"lık zannedilebilir. Oysa birlikte yaşamaya başlayınca, kültürel farkların köklerinin sinir sistemine ve onun belirlediği dünyayı algılayış biçimine kazınmış olduğu görülür. Örneğin, yurtdışına yerleşmiş Türkler arasındaki dostça sürdürülen sohbetler sırasında, onların gönüllerinde içinden yetiştikleri kültüre olan özlemi taşıdıklarını görürüz. Bu toplantılarda sık sık beden dilinin de içinde olduğu Türk kültürüne ait özelliklerin diğer kültürlere kıyasla üstünlükleri dile getirilir.

Etnik gruplar için, kendi iç değerlerine bağlı ve karışmamış bir topluluk içinde yaşamak, kozmopolit bir toplulukta yaşamaktan çok daha güçtür. Amerikan toplumunda Avrupa ülkelerine kıyasla daha rahat ve bağımsız yaşandığı duygusu buradan kaynaklanır. Aynı şekilde Londra'daki bir yabancı da buradaki karmaşıklık içinde kendisini özgür ve bağımsız hissedebilir, ancak iç bölgeler ve Kuzey İngiltere bütünüyle İngilizlere ait özellikler taşıdığı için bu yabancının Londra'da yaşadığı rahatlık, kuzeyde kendi öz değerlerini sürdüren küçük bir yerleşim bölgesinde devam etmez.

Farklı kültürlerdeki insanlar, teknolojinin sunduğu imkânlardan yararlanırken ortak beden dilleri kullanırlar. İnsanlar nerede yaşarsa yaşasınlar benzer şekilde asansöre biner, tenis oynar, bilgisayar ve araba kullanırlar. Aynı zamanda biyolojik kökenli beden dilinde de birçok ortak nokta vardır. Ortak yaşantı olarak öfke, sevinç veya şaşkınlık gibi duygular yaşanır. İşte ortak yaşanan bütün bu duygularda bile, bizim dışımızdaki kültüre ait olanı anlamayı zorlaştıran, bizden olanı daha kolay ve rahat anlaşılır yapan ayrıntılar bulunur.

Teknik araç ve cihazların dünyanın çeşitli yerlerinde kullanılış biçimlerinde toplumların kendine ait izlerini ve özelliklerini görmek mümkündür. Bu konudaki en çarpıcı örnek trafik araçlarının kullanılmasıdır.

Beden Dilinin Evrensel Yönü

Beden dilinin kültürlerarası farklılıklarını belirlemeye dönük birçok ilginç araştırma yapılmıştır. Bunlardan birine, Türk, Japon ve Amerikalı üniversite öğrencileri denek olarak katılmıştır. Bu tür çalışmalarda kullanılan ortak yöntemlerden biri göz, kaş ve ağızla ilgili çeşitli kas değişikliklerin şematize edilmesidir. Beş farklı ağız, üç farklı göz ve dört farklı kaş tipi ile; 60 tane farklı yüz ifadesi oluşturulmuş ve farklı kültürlerdeki gençlerden bu standarlaştırılmış yüz ifadelerini değerlendirmeleri istenmiştir. Araştırmanın sonucunda, *her kültürün kendine özgü belirleyici özelliklerinin yarattığı farklılıklara rağmen benzerliklerin daha ağır bastığı görülmüştür.* Bu sonuç beden dili konusunda evrensel bir sistemin varlığını ortaya koymaktadır.

Beden dilindeki en benzer ifadeler yukarıda da belirtildiği gibi canlılığı ve iç dengeyi korumaya dönük temel psikolojik durumlarla ilgilidir. *Korku, kızgınlık, hüzün, nefret, mutluluk, dikkat, ilgi, uyku, gerginlik, şiddet* bu durumların en belirgin olanlarıdır. Bu genel durumların dışında kültüre özgü ve o toplumu belirleyici beden dili özelliklerinin bir başka toplum tarafından kısa bir sürede benimsenmesi mümkün olmaz.

Bu konuda yabancı ülkelerle ilgili bazı örnekler verebiliriz : Avrupa'ya veya Uzak Doğu'ya yapılan turistik gezilerde bu ülke insanlarının bazı iletişim biçimleri takdirle karşılanır ve yapılan sohbetlerde, karşılaşılan insanların belirli özelliklerinden övgüyle söz edilir. Ancak övgüyle söz edilen bu iletişim biçimini kendi toplumunda uygulamayı kimse önermez. Gerçekten de böyle değişimler beğenilse ve istense de gerçekleşemez. *Çünkü bir başka topluma ait geleneksel kültür, ödünç alınarak yaşanamaz.* Bu sebeple kültürel değişimler teknolojik farklılıkları ve yaşama biçimindeki temel farkları içermediği zaman karışıklığa yol açar. Hızlı kültürel değişim denilen kültürel kargaşalar, değerler sisteminin yitirilmesine ve kimlik bunalımına sebep olur.

İLETİŞİMDE YER ALAN SİSTEMLER

İletişim sisteminin ana yapılarını *iletişimi başlatan kişi, anlam kodlama, mesaj, iletişim biçimi, gönderme becerileri, alıcı kişinin özellikleri ve geri bildirim* oluşturur.

İnsanlararası iletişim; kişilerin birbirlerine bilinçli veya bilinçsiz olarak iletmek istedikleri duygu ve düşüncelerini aktardıkları bir süreçtir. İletişim sırasında aktarılan mesaj bireyin psiko-sosyal yaşantılarından oluşur.

İnsan dış dünyaya kendi iç psikolojik değerleri ile anlam verir ve bunu kendi dışındakilere ifade etmek ihtiyacını duyar. Böylece kişi iletişime hazır duruma gelir. Bir iletişim sürecinde verici ve alıcı kişiler olarak, en az iki kişi yer alır.

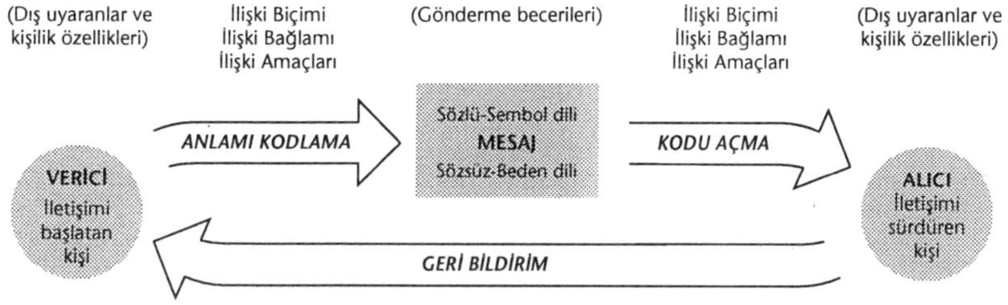

***Şekil 1** : İletişim modelinde yer alan sistemler.*

I - VERİCİ KİŞİ :

İletişim süreci içerisindeki kişilerden, iletişimi başlatan kişiye verici kişi denir. Verici, herhangi bir durumda diğer insanlara düşünce ve duygularını aktarma girişiminde bulunan kişidir. Bu nedenle "verici" kendi duygu ve yaşantılarını, alıcı durumunda olanların bütün duyularına ulaşabilecek biçime getirmeye çalışır. Vericinin, yoğun ve etkin bir iletişim kurabilmesi alıcının mümkün olduğu kadar çok duyusuna ulaşabilmesiyle gerçekleşir.

Örneğin, yüz yüze iletişimde sözlü mesajlara, göz ilişkisi ve dokunma eşlik edebilir. Bir öğretmenin ders anlatırken, dikkati dağılan öğrencisinin omzunu tutması onun derse olan ilgisini artırır. Genel iletişimlerde, yazılı malzemenin verilmesi, slayt ve film gibi görsel malzemenin kullanılması farklı duyulara ulaşılması sebebiyle anlatımı zenginleştirir.

Vericinin, aktardığı duygu ve düşüncelerde o olay öncesindeki ihtiyaç ve beklentilerinin – geçmiş yaşantılarının – rolü çok önemlidir. Vericinin iletişim odağı olan duruma ilişkin algıları, onun sözlü ve sözsüz mesajlarının hem içeriğini, hem de duygusal tonunu belirler. *Algı, çevreden gelen uyarıların toplanma, organize edilme, anlaşılma ve değerlendirilme sürecidir.*

Dış uyaranlar, duyularımız yoluyla toplanır. Bu alıcı yapılar, görme, işitme, dokunma gibi duyularımızdır. Duyularımız, alıcı hücrelerin dış çevredeki fiziksel enerjileri yakalayarak sinirsel enerjiye çevirmesi ile görevlerini yerine getirirler.

Beyinde işlenen bu sinirsel enerji bir algı ürünü olarak ortaya çıkar. Algıyı oluşturan sürece de "algılama" denir. Duyu organları tarafından beyne iletilen duyular basittir. Oysa algıda işin içine geçmiş yaşantılar, ihtiyaçlar, değer sistemleri, inançlar ve ilgiler girer. *Algı, beyne ulaşmış duyuların kişiye özgü seçilmişliğiyle ve örgütlenmesi ile ortaya çıkan karmaşık bir sürecin ürünüdür.*

İnsanlar, dış dünyadan duyularla beyne ulaşan bilgilerin bazılarını atlarlar, geriye iterler; bazılarını kuvvetlendirirler ve varsa, boşlukları kendi ihtiyaçları doğrultusunda anlamlı olarak doldururlar. İletişim açısından önemli sorunlar burada başlar. Dış uyaran artık yalın bir olay veya yaşantı olmayıp kişiye göre biçimlenmiştir. Belki bazı boşluklar doldurulmuş, bazı bilgiler atılmış, bazıları da abartılmıştır. Algısal değişimler, sadece sözlü anlatımlar sırasında değil, çok daha belirgin ve kesin olan görsel yaşantılar sırasında dahi kişinin psikolojik özelliklerine bağlı olarak ortaya çıkmaktadır. Karnı aç olan insan yemek kokusu duyar. Yapılan bir araştırma, beş saat aç bırakılan deneklerin, perdeye yansıtılan belirsiz bir resmi hamburger, aynı süre sigara içmeleri engellenenlerin de sigara olarak algıladıklarını ortaya koymuştur.

Kişi bu algıları doğrultusunda yaptığı değerlendirmeleri aktarma noktasına geldiğinde "verici kişi" olarak iletişimi başlatır. Bütün iletişimlerde anlamın kodlandığı bir mesaj, bunu gönderen bir verici ve mesajın kodunu açan bir veya birkaç alıcı vardır. Örneğin anne-baba ve çocuk ilişkisinde iletişim iki kişi arasında kurulurken, bir sanat toplantısında veya bir konferansta çok sayıda alıcı bulunur. Verici ve onun gönderdiği mesajlar aynı olduğu halde, her alıcının kod çözme süreci kendisine özgüdür. Bu sebeple herkes toplantıdan farklı bir izlenim ve yorumla çıkar.

II - ALICI KİŞİ :

İletişim sürecinde alıcı konumunda olan kişi çok önemlidir. Vericinin kodladığı anlamı, alıp çözecek ve değerlendirecek kişi alıcıdır. İletişime yapıcı etkinliğini kazandıran, vericiden gelen sözlü ve sözsüz mesaj kodlarının alıcıda gerçek anlamları ile değerlendirilmesidir.

İletişim sürecinin diğer ucunda yer alan alıcı kişi, bir dinleyici konumundadır. Bu rol zaman zaman değişikliğe uğradığı halde, mesaj akışında alıcı kişinin tutumu, iletişimin akışını belirleyen önemli bir etkendir. *Doğru dinleme, ses dalgalarının kulakta toplanarak beyne iletilmesinden ibaret ve sadece "duyma"ya dayanan basit bir işlem değildir.* Bu durum dinleme sürecinin sadece fizyolojik boyutu olan "işitmedir." İletişim için esas olan, bu mesajlardaki sözcüklere, verici kişi tarafından giydirilmiş olan anlamlardır. Alıcı kişinin, mesaj kodlarını çözerken, vericiyi anlama gayreti içinde olması beklenir. Doğru dinleme, doğru ve sağlıklı iletişimin en önemli parçasıdır. Etkin dinleme, bütün insanların geliştirmesi gereken bir dinleme becerisidir. *Sağlıklı insan ilişkilerinin temeli, çok basit gibi gözüken ama çok ihmal edilen etkin dinlemenin doğru olarak uygulanmasıdır.*

Gözlemlerimiz bize alıcıların hiç olmadığı bazı iş ortamlarının veya sohbetlerin tanığı olma imkânı vermiştir. Çevredeki ilişkileri izlerken konuya bu açıdan bakınca aynı anda birkaç kişinin verici konumunda olduğunu ve konuşmaya başladığını izleyebiliriz. Hata bunu gördüğü ve işittiği halde kişilerin çoğunlukla konuşmalarını sürdürdüğü de görülür.

Kültürel bir iletişim özelliği olarak otoriteyi temsil edenleri sadakatle dinlememize karşın, eşit ilişki içersinde olduğumuz durumlarda dinleme süreci azalmaktadır. Dinlemekten çok konuşmayı tercih ettiğimiz gibi, aynı anda konuşmakta da pek sakınca görmeyiz.

III - ANLAMIN KODLANMASI :

Anlamın kodlanmasında etkin olan üç temel faktör vardır. İlişkinin biçimi, ilişkinin bağlamı ve ilişkinin amaçları. Bunlar iletişimde yer alan kişilere ve iletişimin yapıldığı ortama bağlı olan faktörlerdir.

A) İlişkinin Biçimi: Anlamı kodlama konusunda iletişim içindeki kişilerin temsil ettiği statü, roller ve durum önemli bir işleve sahiptir. Örneğin insan kızgınlığını, sevgilisine, eşine, çocuğuna, amirine ya da arkadaşına çok farklı biçimlerde aktarır.

B) İlişkinin Bağlamı: Yer, zaman, yaş gibi faktörler de anlam kodunu etkileyen diğer özelliklerdir. Aynı şekilde iletişimin yeri ve zamanı, kodu hem oluşturmamızda hem de açmamızda etkilidir. Örneğin; bir anne çocuklarına olan kızgınlığını misafirlerinin yanındayken veya yalnızken birbirinden oldukça farklı biçimlerde ortaya koyar.

C) İlişkinin Amaçları: Olumlu iletişimde ve iletişimin etkin bir biçimde sürdürülmesinde ilişkinin amacı çok önemli bir rol oynar. Verici kişi ile alıcı kişinin amaç ve ilgileri anlamın kodlanmasını belirleyen temel bir özelliktir.

Verici kişi için amaçlar: sorun çözmek, anlatmak, işbirliği, disiplin altına almak, etkilemek, bilgi vermek, ikna etmek, farklı görüşleri açmak, değiştirmek, yön vermek, karşı koymak, örgütlemek, denetlemek, paylaşmak, haddini bildirmek veya aşağılamak olabilir.

Alıcı kişi için amaçlar: anlamak, tartışmak, değerlendirmek, öğrenmek, işbirliği, paylaşma vb. olabilir. İşte bütün bu noktalardaki amaçların olumlu olması, yapıcı bir iletişim, olumsuz olması ise yıkıcı bir iletişimin ortaya çıkmasına sebep olur.

IV - MESAJ:

Bir yaşantıya ait duygu ve düşüncenin kodlanarak sözlü, sözsüz veya yazılı bir anlatımla alıcı kişiye ulaşmasını sağlayan sembollere mesaj denir. Mesaj, bir vericiden çıkan duygu ve düşüncelerin, alıcının duyu organlarınca algılanmasına yöneliktir. Mesaj alıcıya ait ne kadar çok duyu organına ulaşırsa, anlatım o ölçüde başarılı olur. Bu sebeple, görme, işitme, dokunma ve hatta koku ile ilgili faktörlerin iletişimde yer alması mesajın gücünü artırır. Böylece mesajı alacak kişideki bütün alıcılara ulaşma ve onları besleme imkânı oluşur. Grafik anlatım, yazıda kullanılan; sözlü anlatım, konuşmada kullanılan sembollerle; sözsüz anlatım da bedenimizle oluşturduğumuz işaretlerle ifade edilir.

Beden dilimiz, jestler, mimikler, oturuş, duruş gibi çeşitli tavırlarla kendini ortaya koyar. İnsanlararası iletişimde bireyin duruma ilişkin değerlendirmelerini taşıyan bu aracılara sözsüz mesajlar denir. Sözsüz mesajlarla taşınan bu anlatım biçimine de *sözsüz iletişim* denir.

Sözsüz Mesajlar

Bu kitabın ana konusu, sözsüz dilimizle, bir başka deyişle beden dilimizle verdiğimiz mesajlardır. Bu, bir durum karşısında bedenin kendi duruşunu kodlayarak sunuşudur. Sözsüz mesajlar insanın evrimsel gelişimindeki ilk anlatım biçimidir. Bunlar da insanın gelişim süreci içerisinde bazı değişikliklere uğramıştır. Beden dilinin bugünkü işaretleri iki farklı kaynaktan gelir:

1- Bu kaynaklardan biri beden dilinde "birincil işaret sistemi" adı verilen gruptur. Birincil işaret sistemi, organizmanın en temel ihtiyaçlarından kaynaklanan haz ve elem yaşantılarının ve bu yaşantılara bağlı olarak ortaya çıkan duyguların bedendeki sinyalleridir. Organizma doğanın somut ve doğrudan yaşantıları karşısında canlılığını ve bütünlüğünü bedensel ifade ve anlatımlara yansıtarak korumaya yönelmiştir.

Beden diline ait birincil işaretleme sistemini oluşturan mesajlar insanlığın evrensel dilidir. Kitabın kültür ve iletişim bölümünde görüleceği gibi bir Japon'un bedeninde, korku karşısında oluşan mesajlar bir Türk'ün veya Belçikalı'nınkinden farklı değildir. Beden dili kaynağını beynin derinliklerinden alır ve organizmanın dış dünyayla olan ilişkisini yansıtır. Beden diline ait olan farklı kültürlerdeki ortak işaretlerin beynin derinlerinde bulunan limbik sistemde kodlanmış olduğu düşünülmektedir.

2- Beden dilini oluşturan diğer kaynağa da "ikincil işaret sistemi" denir. İnsanın evrimsel gelişimiyle, beyinde yeni bir kabuk meydana gelmiş (neokorteks) ve bununla birlikte, dış dünyadaki objelerin, kelimelerle ifade edilen karşılıkları oluşmuştur. Bu kavramlar dış dünyaya yapıştırılmış ve yakıştırılmış olmaları nedeniyle de nesneden – dünyadan – bağımsız, ancak onu oluşturan kültüre bağımlıdırlar. İşte beden diline kültürel farkların yansıması ve beden dilinde farklılıkların olması bu düzeyde söz konusudur.

Bu noktada bedenin ikincil işaretleme sistemine geçilir. Soyut ve esas olarak anlamsız olan sözlü semboller ancak nesnelerle var olurlar. Kültürlerin nesne ve olayları adlandırma farklılıkları ile birlikte, sözel sembol farklılıkları ortaya çıkmıştır. Bu kavramların beden diliyle anlatımlarında da farklı işaretler kullanılır.

Örneğin, güzel bir masanın anlatımı güzel masa kavramında yer alan nesneye bağlıdır ve bu anlatımda yer alır. Soyut bir kavramdan örnek verecek olursak, namus'un tanımı her toplumun bu kavrama yüklediği anlamla belirginleşir ve tanım bu anlamları kapsar.

V - GÖNDERME BECERİLERİ:

Mesajların sözlü, sözsüz veya yazılı olarak istenen ilişki biçimine uygun verilebilmesi, gönderme becerilerinin geliştirilmesi ile mümkündür. Bireyin mesaj gönderme becerisi yaşanılan sosyal ortam ve kişilik özellikleri ile şekillenir.

İletişimde, gönderme becerilerinin önemi, iletişimin yalnızca bazı bilgi ve mesajları söz ile ifade etmekten fazla, bir tutumlar bütünü olmasından kaynaklanır. İletişim, sadece kelimeleri söylemekten çok daha fazla öğeyi içerir. Gönderme becerileri, mesajın aktarılması için seçilmiş olan sözcükler, beden dili ve sesten oluşan bir bütündür. Bir iletişimin yapılandırılmasında ortalama olarak kelimeler % 10, ses tonu % 30 ve beden dili % 60 rol oynar.

Bir iletişimde kelimeler, ses ve beden dilinin kullanılması "gönderme becerileri"ne ait özelliklerdir. Ancak bir iletişimin başarılı olması ve amacına ulaşabilmesi için gönderme becerilerinin yanı sıra, şu soruların cevaplarının verilmesi yerinde olur.

- Ne söylemek istiyorum?
- Ne zaman söylersem, karşımdaki kişinin iletişim kanalları açık olur?
- Nerede – hangi ortamda – iletişimi başlatırsam yerinde olur?

Ses Tonu

Hatırladığımız sesler büyük çoğunlukla hoş olmayan seslerdir. Çünkü güzel bir ses ve doğru bir telaffuz, amacına ulaştığı için, fark edilmez. Ancak amacıyla uyuşmayan rahatsız edici bir ses, onu hemen fark etmemize sebep olur.

Ses, tonu, yüksekliği, rezonansı ve temposu ile duygularımızın en önemli aktarıcısıdır. Mutluluğumuzdan hüznümüze, samimiyetimizden tereddüdümüze kadar bütün duygular sesin bu özellikleriyle aktarılırlar. *Sesin müziği hayatın gerçeğidir.*

Allen Bell, Psikolojik Stres Ölçüsü ("psychological stress evaluator": PSE) adını verdiği aleti ile insan tarafından algılanamayan ses titreşimlerini analiz ederek ses tellerinin yalan söylendiği zamanki zorlanmasını, doğal olmayan gerilimini ve düzen değişikliğini tespit etmiştir. Yapılan çalışmalarda PSE'nin tespitlerinin % 95 oranında başarılı olduğu görülmüştür.

VI - GERİ BİLDİRİM

Çok yönlü bir süreç olan iletişimin devamını etkileyen önemli bir başka özellik, alıcının mesajı çözüp değerlendirmesinden sonra yeni bir mesaj kodlaması ve geri bildirim (feed back) yapmasıdır. Geri bildirim içinde, iletişim konusunda daha önce anlatılmış olan olumlu özelliklerin olması mesajın anlaşılmasına ve iletişimin gelişmesine imkân verir. Çünkü *geri bildirimin kalitesi, iletişimin hem devamını, hem de yönünü belirler.* Geri bildirim alıcı kişinin kaynak kişi karşısındaki konumunu açıklığa kavuşturur. Alıcı hem sözlü dilini, hem de beden dilini iletişimi geliştirecek şekilde kullanabilir. Doğru ve sağlıklı bir iletişim için geri bildirimde yer alması gereken özellikler şunlardır:

1- Vericiyi tam olarak dinlemek ve anlamaya hazır olmak.
2- Kelimelerin içeriğine ve aktarılmak istenen duygulara açık olmak.
3- Kelimelerin sözlük anlamları dışında "vericide" ne anlama geldiklerini tanımayı istemek.
4- Kodu açılan mesaj ile kodlanan mesajın anlam bütünlüğünü kontrol etmek.
5- Ana konuyu kaçırmamak, özetlemeler yapmak.
6- İletişimi önyargı ve dirençle kesmemek.
7- Vericinin duygularını anlayabilmek, farklı insanların bakış açılarından bakmayı başarabilmek.
8- Üzerinde fikir birliği olmayan noktalardan önce, anlaşılan noktaları açıklığa kavuşturmak.
9- Üzerinde fikir birliği olmayan konuların ele alınışında kelimeleri ve bedeni kontrol etmek. Duygusal gerginliğin bedene ve ses tonuna yansımasını önlemek.
10- Karar anında bile iletişimi kapatmadan doğru dinlemek ve sağlıklı geri bildirimleri sürdürmek çabasından vazgeçmemek.

Bütün iletişimlerde verici kişinin en çok ilgilendiği konu, geri bildirimdir. Mesajın alıcıda yarattığı etki ve alıcının iletişime katılarak aldığı yer ancak geri bildirimlerle açıklık kazanır.

En hızlı geri bildirim yüz yüze iletişimde olur. Yukarıda geri bildirimin, iletişim kalitesini yapılandıran bir özellik taşıdığı anlatılmıştır. Alıcı tarafından geri bildirim verilmemesi, iletişimi bozan ve engelleyen bir faktördür. Genel iletişimlerde bile, konferansı veren kişi alıcıların beden dilleri ve sözlü katılımlarıyla yaptıkları geri bildirimlere göre konuşmasına yön verir ve sürdürür.

Geri bildirim verilen mesajların kullanılmasına imkân sağlar. Bu durum dersler ve seminerler sırasında açıkça görülür. Dinleyicilerin bir toplantıdan yararlanma düzeyi verdikleri geri bildirimlerde yatmaktadır. Bir sınıf veya eğitim grubu konuya ne ölçüde istekle katılırsa, anlatılanlardan o ölçüde daha fazla yararlanır.

Kişisel gelişmeye kapalı olan kimseler aldıkları bilgiden nasıl yararlanabileceklerini değil, bu bilginin hangi durumlarda işe yaramayacağını düşünürler. Bu tür kişiler eğitim programlarından yeterince yararlanamazlar.

GENEL İLETİŞİM VE ODAK İLETİŞİM

Mesajı veren kişi ile alan kişi arasındaki psikososyal ilişki, iletişim biçimini yapılandırır. Niceliğe bağlı olarak ortaya çıkan iletişim biçimleri *genel iletişim* ve *odak iletişimdir.* Niteliğe bağlı iletişim biçimleri ise *açılımlı iletişim* ve *engelli iletişimdir.* Şimdi bu iletişim biçimlerini tek tek ele alalım:

GENEL İLETİŞİM:

Genel iletişim, merkez konumundaki kaynak kişinin (verici), duygu ve düşüncelerini yaygın ve geniş bir alıcı grubuna yönelttiği iletişim biçimidir. Genel iletişim, bir nesne aracılığıyla olabileceği gibi aynı ortamda yer alan kişiler arasında doğrudan doğruya da olabilir. Genel iletişim nesne aracılığıyla olursa buna medyatik iletişim, doğrudan olursa yüz yüze iletişim denir.

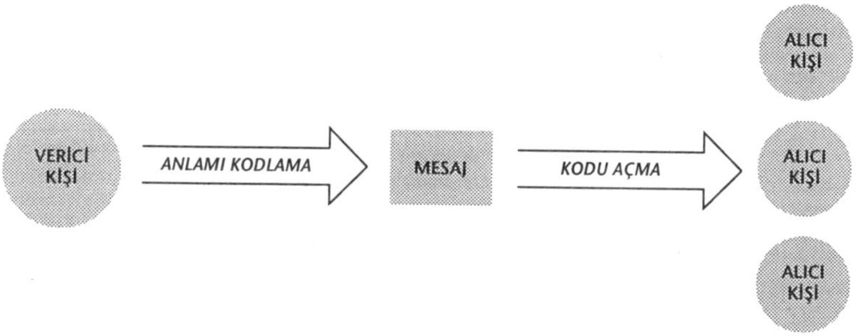

Şekil 2 : Genel İletişim.

Nesne Aracılığıyla Genel İletişim:

Medyatik iletişim, Fransız reklamcı J. Seguela tarafından, "toplumun içinden çıkılmaz bir paradoksu" olarak tanımlanmıştır. Gerçekten de iletişimde nesne aracılığı egemen oldukça toplumlardaki "bire bir etkileşim"ler ve buna bağlı olarak iletişimler azalmaktadır.

Nesne aracılığıyla gerçekleştirilen iletişimlerde mesajlar, sözle, çizgiyle, yazıyla, bazen hepsi iç içe olmak üzere, çeşitli biçimlerde alıcılara sunulur. Mesajları televizyona, duvar panolarına, gazete, dergi ve el ilanlarına farklı aracılar taşır.

Özellikle televizyonun ortaya çıkmasıyla sesin yanı sıra görüntünün de iletişime girmesi, iletişimin karşılıklı olarak bilgisayarlarla sürdürülmesiyle gelişen *medyatik ağ, insanların düşüncelerinin kalıplaşmasına yol açmıştır. Böylece iki insan arasındaki paylaşma ihtiyacı da sınırlanmıştır.* İnsanlık tarihinde en yaygın

BD. 3

olarak kullanılan teknoloji ürünü televizyondur. *Televizyon yüzyılın uyuşturucusu durumundadır. Evlerdeki en büyük otorite televizyondur.* Çocuklar bir televizyon dizisini izlerken gösterdikleri dikkat ve sessizliği evin başka hiçbir üyesine göstermemektedirler. Bu konuda ünlü film yönetmeni Orson Welles "Televizyondaki zincirleme görüntüler fındık fıstık gibidirler, onlardan nefret ederim ama önümde durdukları zaman çıtır çıtır yemekten kendimi alamam" demiştir. Düşüncelerimizi televizyonla kalıplayıp, duygularımızı Amerika ve Brezilya dizileriyle besledikten sonra, birlikte yaşadığımız insanlara hem zamanımız, hem de ihtiyacımız azalmaktadır.

Ayrıca diğer insanlarla yaşayıp onlarla çeşitli duygu ve düşünceleri paylaşmamız ve onları duyabilmemiz için, öncelikle kendimizi duymamız gerekir. Oysa *bizi çevreleyen medya, bizi bize bırakmadığı için sağlıklı insan ilişkilerinden söz etmek zorlaşmaktadır.* Bu durum insanın varlığına ve doğasına aykırı bir çelişkidir. Bu sebeple medyatik iletişim arttıkça, insanlar birbirleriyle daha az iletişim kurmaktadırlar. Bu yolla içine düşülen çıkmazı çözmek de yine insanın aklına ve duygusuna kalmaktadır.

Yüz Yüze Genel İletişim:

Genel iletişimlerin bir diğer şekli toplulukla yüz yüze kurulan iletişimdir. Bir miting, konferans veya toplantıda verici, inanç, düşünce ve duygularını, bulundukları ortak mekânda doğrudan dinleyicilere iletir. Doğrudan genel iletişimde mesajın, radyo, televizyon gibi aracılarla bir başka mekâna taşınması söz konusu değildir. Böyle bir ortamda iletişim çift yönlüdür ve diğer kişiler istedikleri takdirde iletişime katılabilirler.

Bir toplantıda dinleyicilerden birinin konuşmacıya yönelteceği soru ile iletişimde mesajı veren kaynak değişebilir. Böylece, genel iletişimdeki tek yönlü bilgi ve duygu akışı, karşılıklı mesaj iletme şekline dönüşebilir.

ODAK İLETİŞİM:

Odak iletişim, duygu ve düşüncelerin, sözlü-sözsüz mesajlarla iki kişi arasında gidip gelmesidir.

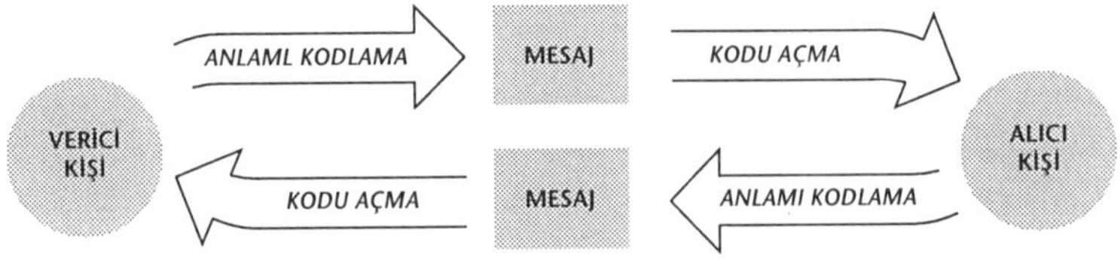

Şekil 3 : Odak İletişim.

Odak iletişimde verici kişinin, verici kişi olarak kalması ile iletişim süreci tamamlanabileceği gibi, alıcı kişinin verici rolüne geçmesi ile de sürebilir. İki arkadaşın birbirleriyle sohbetleri, eşler arasındaki konuşmalar, anne-baba ve çocuk iletişimleri odak iletişim modelinin örnekleridir.

Niceliğe bağlı olan genel ve odak iletişim biçimlerinde niteliğe bağlı farklı iletişim türleri yer alabilir. Niteliğe bağlı iletişim biçimleri açılımlı iletişim, engelli iletişim ve tıkanık iletişimdir.

Açılımlı İletişim:

Açılımlı iletişim modelinde iletişim karşılıklı olarak ilerler. Bu iletişim biçimindeki verici kişi için belirleyici duygu "anlatmak", alıcı kişi veya kişiler için ise "anlamak"tır. Bu süreç iletişim ilişkilerinin olumlu ve sağlıklı modelidir. Açılımlı iletişimde olumsuz duygular, karşı düşünceler iletilse bile, temel yaklaşım anlaşmak ve yeni bir iletişim boyutuna geçmektir. Bu iletişim biçiminde insanlar birbirleriyle anlaşmaya ve uzlaşmaya gayret ederler.

Açılımlı iletişimde güvenli davranış biçiminin yaklaşımları görülür. Karşıdaki kişiye dönük, suçlama, yargı, olumsuz yorum ve genelleme yapılmaz, bunun yerine dinleyici anlamaya gayret ederek dinler. Kişi bir konuşmada "anlaşıldım" duygusunu yaşamazsa karşısındaki kişinin sözle yaptığı "kabul" amacına ulaşmaz. "Söylediğinizi kabul ediyorum, ama..." biçimindeki yaklaşımlarda, bunu söyleyen kişinin anlama duygusu, kendini anlatma duygusu altında kaybolur ve ezilirse, iletişim kopuklukları hissedilmeye başlanır ve iki taraf da kendi yalnızlığını yaşar.

Engelli İletişim :

Bazı durumlarda iletişimi başlatan kişi sadece "o durum"a ilişkin duygu ve düşünceleri aktarmakla kalmayıp, bazı yan mesajları da ana mesajına eklemeye yönelebilir. Bu durumda alıcı kişi de mesajların bu engelleri ile ilgilenebilir veya o da ana konuya kendince bazı yan duygu ve düşüncelerini ekler (Şekil 4).

Şekil 4' te görüldüğü gibi engelli iletişimlerde ana konunun kaybolma ihtimali çok yüksektir. Konuşmaya konu olan probleme çözüm bulma ihtimali giderek azalır. Böyle bir iletişimde verici ve alıcı kişiler kendi iç çatışmaları ile konuyu kaybetme ve karmaşıklaştırma eğilimindedirler. Kişilerin geçmiş yaşantılarına ilişkin sorunları, o durumdaki iletişimi iyice zorlaştırır. Böylece, anlaşma, çözüm bulma ve yeniye yönelme imkânı ortadan kalkar. Üzerinde konuşulmakta olan konu üçüncü dördüncü sıraya atılarak kişilik sorunları tartışılmaya başlanır. *Sorun değil kişiler öne geçer.* Tartışmacılar sorunu değil kişiliği tartışmaya başlarlar. Bu da tartışılan konuyu içinden çıkılmaz hale getirir.

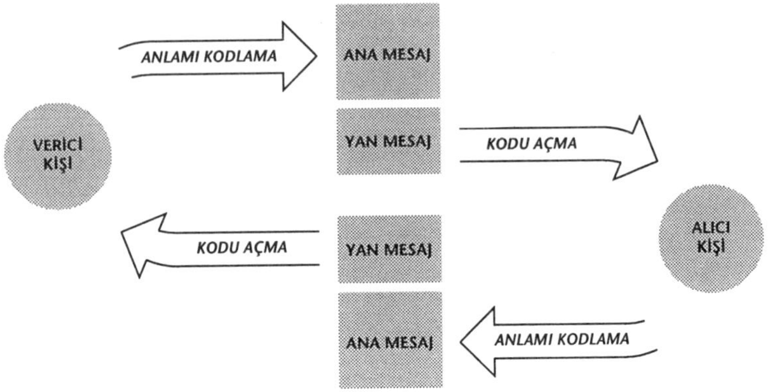

Şekil 4 : Engelli İletişim Modeli.

Böyle bir iletişimde geçmişten kaynaklanan hesaplaşmalar "Sen zaten her zaman...." diye başlayan cümlelerle tekrar tekrar yaşanır ve çatışma çıkar. Kişi, amacına bağlı olarak aynı durumu tanımlayan şu iki ifadeyi kullanabilir:

"Saat beşte geleceğini umuyordum. Seni bekledim.", "Saat beşte geleceğini umuyordum ama biliyorum ki sen her zaman beklenenin dışında şeyler yaparsın."

Birinci cümlede beklentimiz ve yaşadığımız duygu, ikinci cümlede ise beklentimizden çok karşımızdaki insanın kişiliği ile ilgili olumsuz yargı belirgindir. Böyle bir ifadeye suçlayıcı bir ses tonunun eşlik etmesi de kaçınılmazdır.

Tıkanık İletişim:

İletişimi başlatan kişinin verdiği mesajlar, karşıdaki kişi tarafından alınmak istenmediğinde tıkanık iletişim başlar. Şekil 5' te de görüldüğü gibi, alıcı vericiden gelen mesajlara kapalı olur.

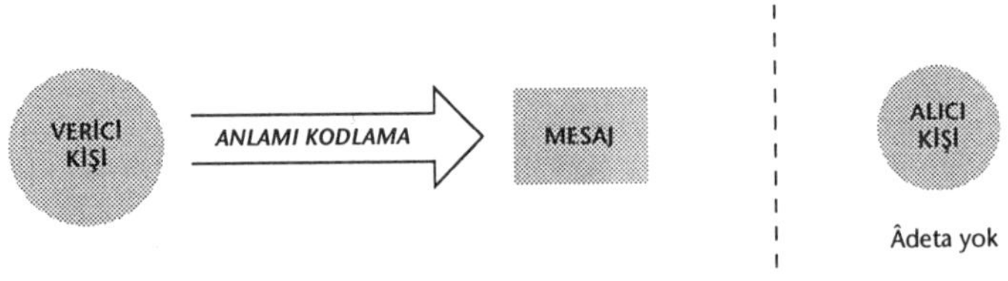

Şekil 5 : Tıkanık İletişim.

Tıkanık iletişimde mesajlar âdeta alıcısı olmayan mesajlardır. Bir iletişim sırasında alıcı kişi dinlediklerini anlamsız ve gereksiz olarak değerlendiriyorsa fizik varlığa rağmen psikolojik bir yokluk durumu ortaya çıkar. Algılananların kullanılmadığı, geri bildirimlerin yapılmadığı –en azından sözel mesajlarla iletilmediği– ortamlarda iletişim tıkanıktır. Kişiler arasında görülmek istenmeyen "beden dili", duyulmak istenmeyen "kavram dili" donup kalır. Bir başka ifadeyle, söz konusu olan hem kör, hem de sağır bir iletişimdir. Verici kişi âdeta kendi kendine konuşur ve kendi kendine hareketler yapar. Alıcı hoşnutsuzluğu ve olumsuz tutumu ile ilgili mesajlarını en açık biçimde beden dili ile verir.

Örneğin, böyle bir iletişim masa başında oluyorsa, konuşmadan yemek yenmesi, yemeğin sert bir şekilde tabaklara konması bu tıkanıklığın en açık işaretleri olabilir. Evde kapının kapatılışı, hızlı adımlarla uzaklaşma, günlük hayatımızda gözleyebildiğimiz tıkanık iletişim örneklerinden bazılarıdır. Karşılıklı suskunluk veya sadece birkaç olumsuz kelimenin havaya savrulması sırasında beden dili bir iletişim aracı olarak değil, iletişimi kesme aracı olarak kullanılır.

JEST VE MİMİKLER

Jestler ve mimikler diğer kişilere görsel sinyaller gönderen hareketlerdir. Bizim bir jestten söz edebilmemiz için yapılan hareketin bir başkası tarafından görülmesi ve yaşadığımız duygu ve düşünceyle ilgili bir bilginin karşımızdaki kişiye iletilmesi gereklidir. Aslında her bir jest, düşünce ve duygu ürünü olduğu için doğal olarak bu özellikleri barındırır.

Yüz kaslarının anlatım amaçlı kullanımı mimikleri; baş, el, kol, ayak, bacak ve bedenin kullanımı da jestleri oluşturur. Jest ve mimikler "esas" ve "ikincil" olarak ayrılır.

Esas jest ve mimikler, düşünce ve duygularımızı destekleyen, onları somutlaştıran hareketlerimizdir. Örneğin sohbet sırasında göz kırpma, başı sallama, kolları açma gibi işaret ve hareketler iletmek istediğimiz ve programladığımız bir mesajı içeren jestlerdir. Öte yandan kendiliğinden gelen ve hiç beklemediğimiz bir anda bizi yakalayan esneme veya hapşırma gibi durumlarda bile jest söz konusudur. Esas olarak anlatıma katkıda bulunmayan ve kendiliğinden refleks olarak ortaya çıkan bu hareketlere ikincil jest ve mimik denir.

Bu iç tepkilerle ortaya çıkan ikincil jestler, ortamın özelliklerine göre giydirilmeye ve şekillendirilmeye başlarlarsa esas jestlere dönüşmüş olurlar.

İkincil jestlerin esas jestlere dönüşmesi ortama, kişinin içinde bulunduğu ve birlikte olduğu kişilere karşı takınmak istediği tavra bağlıdır. Bu jestlerin bazılarını bastırmak, bazılarını da en açık biçimde ortaya koymak eğilimi vardır. Bir konser salonunda insan hapşırığını tutmaya çalışır ve özür diler bir ifade takınır; ancak istemediği halde eşi camları açmışsa ve bundan rahatsız oluyorsa hapşırması çok daha farklı olur. Açık, net ve mümkün olduğunca şiddetli olan hapşırık artık ikincil jest olmaktan çıkar.

İkincil jestler diyebileceğimiz gruptaki hareket mekanik kökenlidir. Örneğin hapşırık insanın solunum düzeniyle ilgilidir. Jest ise bu esas harekete eşlik eden ikincil bir harekettir.

Baş ile selam vermek veya el sallamak gibi hareketlere *esas jestler* denir. Esas jestler başlangıçlarından bitişlerine kadar iletişimin bir parçasıdırlar.

Esas jestlerle ikincil jestleri ayırt etmek için kendi kendimize şu soruyu sorabiliriz. "Eğer ben yalnız olsaydım bu hareketi yapacak mıydım?" Cevabımız "hayır" ise bu hareketimiz esas jesttir. Cevabımız "evet" ise hareketimiz kendiliğindendir ve ikincil jestler grubuna girer.

İKİNCİL JESTLER

İkincil jestlerin pek çoğu esas olarak sosyal değildir. Çünkü bunlar bedenin rahatı, temizliği ve kaşınma gibi kendiliğinden olan ihtiyaçları ile ilgili hareketlerdir. Vücut bakımımızı ve rahatlığımızı ovarak, silerek, kaşıyarak yaparız; yeriz içeriz; rahat olarak bir beden duruşu sağlamak için kollarımızı birleştiririz, bacak bacak üzerine atarız, dik veya yan otururuz.

Bütün bunları kendimiz için yaparız. Ancak bunları nasıl yaptığımız ve hangi duygusal durumda olduğumuz önemlidir. Bu jestleri yaparken yalnız olmadığımız durumlarda bizimle birlikte olanlar bu kişisel hareketlerden bizimle ilgili bilgi sahibi olurlar. Geç kaldığımız için koştuğumuzun, uyumak için yattığımızın, kaşındığımız için kaşıdığımızın fark edilmesini istemeyebiliriz. Bir işin gecikmesi nedeniyle koşarken, elimizin ayağımızın birbirine karıştığının ve huzursuz olduğumuzun hissedilmesi hoşumuza gitmeyebilir. Ancak duygusal durumumuzla ilgili sinyallerimiz gayet açık ve belirgin bir şekilde jest ve mimiklerimize yansır. Bu işaretlerin fark edilmesini istemiyorsak özel bir çaba harcamamız ve kendimizi kontrol etmemiz gerekir.

Örneğin; bir arkadaşımız veya patronumuzla aramızda ayak üstü başlayan bir konuşma pek hoşlanmadığımız ve ilgilenmediğimiz bir konu üzerinde gelişerek uzarsa, bedenimizi dinlendirmek için elimizle bir masaya veya duvara yaslanırız. Ayaklarımızın üzerinde ağırlığımızı dengeli olarak dağıtmamız türünden hareketlerin, hepsi ikincil jestlerdir ve karşımızdaki kişi olsa da olmasa da, uzunca bir süre ayakta durunca yapacağımız hareketlerdir. Ancak aynı zamanda ayağımızı değiştirme ve kollarımızı kullanma biçimimiz, göğsümüz ve ayak uçlarımızın baktığı yön konuşma ile ilgili düşünce ve duygumuzu yansıtır.

Dikkat edilmesi gereken nokta dışa vurduğumuz duygularımızla ilgili işaretlerin gerçekten karşı tarafa iletmek istediklerimiz olup olmadığıdır. İkincil jestlerimizi bilinçli olarak anlamlandırıyor olsak da olmasak da, bu jestler bizle ilgili duyguların bir aktarımıdırlar.

ESAS JESTLER

Bu jestler yüzün, baş, el, kol, ayak, bacak ve bedenin, bir konuya açıklık kazandırmak için yaptığı hareketlerdir. Esas jestler; *anlatım jestleri, sosyal jestler ve mimik jestler*dir.

Anlatım Jestleri :

Bu jestler insanın diğer hayvanlarla ortak olan biyolojik kökenli jestleridir. *Biyolojik kökenli jestlerimiz temel duyguların ifade edilmesine yarar ve esas olarak 6 tanedir.* Kaslarımız altı temel duygunun ifadesinde, canlılığımızın başlangıcından bu yana bedenin yaşantı ile bağlantısını kurmak ve bedeni korumak için düzenlenmiştir. *Kendiliğinden olan ikincil jestler ihtiyaç jestlerimizdir.*

Anlatım jestleri günlük iletişimimizin en temel işaretlerini taşır. Bu temel işaretler bireye değil türe özgü olduğu için kültürden bağımsızdır. Bu nedenle beden dili konusunda ilk çalışmaları yapanlar jestlerin ve mimiklerin kişiden kişiye gösterdiği büyük farklar sebebiyle, bunları nasıl değerlendireceklerini bilememişlerdir. Gerçekten de bu konu davranışın biyolojik boyutu karşısında ayrıntılı bilgiye sahip olmayan bir sosyal bilimci için cevaplandırılması güç bir konudur.

Bu soruyu sağlıklı bir biçimde cevaplandırmak jestlerin oluşum süreçleri ile ilgili bilimsel şemayı doğru olarak tanımakla mümkündür. Anlatım jestleri özellikle yüz ifadelerinde ortaya çıkar ve insanın varlığını korumaya dönük eylemlerinden kaynaklanır.

Örneğin yüzdeki sıkma hareketi, düşman tarafından boynun sıkılma eylemi içinde oluşmuştur. Boynu sıkılan bir insanın yüzündeki bütün kaslar sıkıştırılarak direnç oluşturur. Bugün canımızı sıkan bir durumla karşılaştığımızda mağara devrine ait bu arkaik kalıp ortaya çıkar ve kaşlarımız çatılır. Ani ve atak hareketler karşısında gözlerimizin kapanması aynı şekilde insanın mağarada yaşadığı dönemlerde belirsizlik ve tehditlerle dolu bir dünyadan gelebilecek bir saldırıda gözlerini koruma amacına dönüktür.

Öte yandan gülme insanın hoşnut olduğunu, iç dengesinin yaşamı sürdürmeye uygun bir uyum içerisinde bulunduğunu ortaya koyan ve karşısında bulunanları bu mutluluğa ortak olmaya davet eden bir jest ve mimiktir. *Yapılan kültürlerarası çalışmalar bu temel anlatım jestlerinin bütün kültürlerde ortak olduğunu göstermiştir.*

Resim 6 : Mutluluk

Resim 7 : Korku

Resim 8 : Öfke

Resim 9 : Hayret

Resim 10 : Üzüntü

Resim 11 : Tiksinti

Bu fotoğraflar alt yazıları kapatılarak bir Taylandlıya, Türke veya Danimarkalıya gösterildiğinde benzer şekilde tanımlanmıştır. Esas jestlerimiz ile diğer anlatım jestlerimizin ilk kaynağı harekettir ve bu hareketle olan bağlantı, bazılarında tamamen, bazılarında kısmen kaybedilmiştir. Bunlar bugün için sadece jest ve mimik olarak yüklü iletişim fonksiyonuna sahiptir.

Esas jestlerimizden olan anlatım jestlerinin temel özellikleri kültürel etkilenmeler sonucunda değişime uğramıştır. Ana jest kalıbı farklı olmadan, kültüre ve kişiye bağlı olarak değişik durumlarda kullanılabilir. Örneğin, gülmek için toplumların ve kişilerin kullandıkları fırsatlar ve tavırlar aynı değildir.

İnsan hayatında çocukluk en kolay gülünen ve tebessüm edilen dönemdir. Buna rağmen çeşitli kültürler çeşitli sebeplerle bu gülüşü engelleyebilir, bastırabilir, duygusal yer değiştirmeye zorlayabilir. Böylece çocuklar doğal gülme davranışları yerine hoş olan duygularını kontrol etmeyi öğrenmeye yöneltilirler. Kültürümüzdeki gülme ile ilgili "Çok gülen çok ağlar", "Ciddi ol molla sansınlar" gibi atasözleri ya da deyimler çocukluk döneminde gülmeyi âdeta bir tabu haline getirmiştir. Erkek çocuklara "kadın gibi gülme", kız çocuklara "kötü kadın gibi gülme" uyarıları geleneksel kültür içinde hayatın hazlarına yönelmeyi engelleyici temel bir tutumdur. Böylece güzellikleri paylaşma, güzellikleri yaratma eylemindeki motivasyon, yaşamın başında büyük ölçüde kısırlaştırılmakta ve acılı yaşam biçimi öne çıkmaktadır. *Mutsuzluklarını ve başına gelen felaketleri anlatan kişi çevresinden daha çok anlayış görmekte ve sıkıntısı paylaşılmaktadır. Bu şekilde insanın kendisini ve varlık sebebini anti-yaşamcı bir felsefenin eşiğinde bulması doğal olmaktadır.*

Biyo-psikolojik beden dilimiz olan anlatım jestleri evrenseldir, bu ana yapıya kültürel özellikler, anlatım zenginlikleri ve bazı farklar kazandırmıştır.

Sosyal Jestler Ve Mimikler:

Bunlar olması gereken ifadeyi yüze yerleştiren jestlerdir. Durum gereği, olduğumuzdan çok daha mutlu veya hissettiğimizden çok daha üzüntülü olan yüz ifademiz bir sosyal mimiktir. Burada esas olan insanın belirli bir durumda kendisinden bekleneni vermesidir. Diğer insanları memnun edecek jestlerin taklit edilmesi, bir anlamda insanın sosyal rolünü oynamasıdır. Bir toplantıda gerçek iç dünyamızdan çok farklı bir duygu halini yansıtmamız buna örnektir.

Canını sıkan bir konuyu yemekte konuşmayıp ve yemek saatlerini iyi görünme çabasıyla geçirmeye çalışmak veya kişinin bir topluluk önünde yaptığı bir konuşmada ses tonunu, el ve kollarını, anlatımını daha etkin kılmak için kullanması sosyal jest ve mimikler olarak değerlendirilir.

Mimik Jestler:

Bu jestler taklit ve tanımlama jestleridir. Bir objeyi veya bir hareketi mümkün olduğu kadar kusursuz olarak taklit etmek amacıyla yapılan jestlerdir. Bunlar olmakta olan bir olayın taklit edilerek aktarılması kadar, söz konusu yaşantıyı görmemiş bir kişinin anlayabilmesine de yardım eden jestlerdir. Mimik jestler, *tiyatroya özgü jestler, taklit jestler, şematik jestler, teknik ve kod jestler*dir.

a) Tiyatroya özgü jest ve mimikler : İzleyicileri hoşnut etmek için artistlerin kullandıkları jestlerdir. Teatral mimiklerin oluşturulmasında esas olarak iki teknik söz konusudur. Bunlardan birinde, aktör rolünü oynayacağı karakteri bütün ayrıntıları ile izler ve onun hareketlerini ve ifadelerini taklit eder. Diğerinde ise, yansıtacağı duygusal tonu yakalar ve o duygu durumuna girerek, bu duygudaki insanın davranışlarını kendiliğinden ortaya koyar.

Artistler esas olarak bu iki tekniği birlikte kullanırlar. Özellikle, pandomim sanatçıları teatral mimiklerle sanatlarını icra ederler. Günümüzde bu mimikler hem sahnede hem de sosyal hayatta kullanılır. Teatral mimikleri günlük yaşantılarına aktarmış birçok kişi hayatı bir tiyatro gibi oynayarak yaşar. Bu tür insanlar renkli kişilikleri ile çevrelerine çok sayıda kimseyi toplarlar.

b) Taklit jestler : Sosyal ve teatral jestlerden çok farklıdır. Taklit jestler, rüzgârın veya köpeğin sesinin taklidi gibi, bir insanın olmadığı veya olamayacağı bir şeyi taklit etmesidir.

Bu jestlerde genellikle eller etkin rol üstlenir.

c) Şematik jestler : Kısaltma ve özetleme ile ilgili taklitler olup mimik jestlerin bir başka türüdür. Bu jestle kişi bir durumun en göze çarpan özelliğini alıp sadece bununla o bütünü tanımlar. Bu jestler nesne veya bir durumu ifade etmek için kullanılır. Ateş etme hareketi, sigara olmadan sigara içme hareketi, olmayan bir bardakla su içen kişinin yaptığı hareket bu tür mimik jestlere örnektir.

Bazı bilim adamları şematik tanımlama jestlerini yeryüzünün her yerinde kullanılan evrensel nitelikte jestler olarak kabul etmelerine rağmen, birçok araştırmacı bu konuda kültürlere bağlı bazı farklılıklar bulunduğunu ileri sürmektedir.

Resim 12 *: Andrea de Joria'nın 1832'de çizdiği Napoliten jestler.*

1- Sus
2- Sıkıntı
3- Güzellik
4- Açlık
5- Alay
6- Yorgunluk
7- Delisin
8- Yutturamazsın
9- Samimiyetsizlik
10- Kurnazlık, hile.

ŞEMATİK ANLATIM JESTLERİ

Geçen yüzyılda jest ve mimikler üzerine çalışmalar yapmış İtalyan bilim adamı Andrea de Joria'nın önceki sayfada vermiş olduğumuz anlatım jestleri ile ilgili çizimler, bize Güney Avrupalıların beden dillerini kullanma biçimleri açısından fikir vermektedir.

Andrea de Joria'nın bu çizgilerinin toplumumuzda algılanması konusunda 18 yaşında 120 deneğin katıldığı bir çalışma yaptık ve elde ettiğimiz sonuçları farklı kültürlerde yapılan araştırma sonuçları ile karşılaştırdık.

Araştırmada kullanılan jestler arasında en büyük benzerlik resimdeki (1) "sus" anlatımında görülmektedir. Andrea de Joria'nın "sus" anlamına gelen jesti İstanbul'da da % 82 oranında aynı anlamda algılanmıştır.

Buna karşılık Andrea de Joria'nın ikinci resminin algılanışı çeşitli ülkelerde ve İstanbul'da önemli farklılıklar göstermiştir. Aynı resimdeki "sıkıntı" (2) ifadesi İtalya, Tunus ve Güney Fransa'da benzer şekilde algılanmasına rağmen, İngiltere ve İstanbul'da hiç kimse bu jesti sıkıntı olarak adlandırmamış, jest, büyük oranda (% 66) "düşünmek" ve "dinlemek" olarak algılanmıştır.

Andrea de Joria'nın alay ifadesi (5) İstanbul'da % 95 oranında "nanik yapma" işareti olarak yorumlanmaktadır.

Türkiye'de de "delisin" anlamına gelen benzeri bir işaret (7) vardır. Ancak bu işaret el başa değerek değil, el başın yanında sallanarak yapılmaktadır. Bu iki ifade arasındaki fark beden dili konusunda oldukça küçük sayılabilecek nüansların ne kadar önemli sonuçlar doğurabileceğine iyi bir örnektir.

Andrea de Joria'nın araştırmasında kullandığı resimde görülen "yorgunluk" (6) ifadesi İstanbul'da çok farklı şekillerde yorumlanmıştır.

Bu jest beden diline yansıyan kültürel farklarla ilgili bir örnektir. İtalyan araştırmacının "yorgunluk" çizimini İstanbul'da hiç kimse bu anlamda algılamamıştır. Grafik 1'de görüldüğü gibi bu resim İstanbul'da % 40 oranında "tik", % 25 oranında da "utangaçlık" olarak yorumlanmıştır.

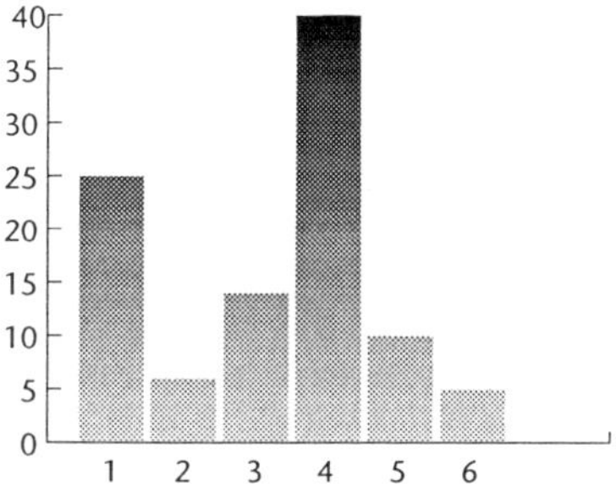

1- Utangaçlık
2- Üzüntü
3- Yüzü kapatmak
4- Tik
5- Düşünmek
6- Diğer

***Grafik 1** : Andrea de Joria'nın "yorgunluk" (6) anlamına gelen resminin İstanbul'da algılanışı ile ilgili değerler.*

Andrea de Joria'nın resminde görülen "delisin" (7) anlamındaki ifade İstanbul'da % 20 oranında "deli"lik, % 10 "selam", % 12 "mesaj", % 2 oranında "namaz" işareti olarak değerlendirilmiştir.

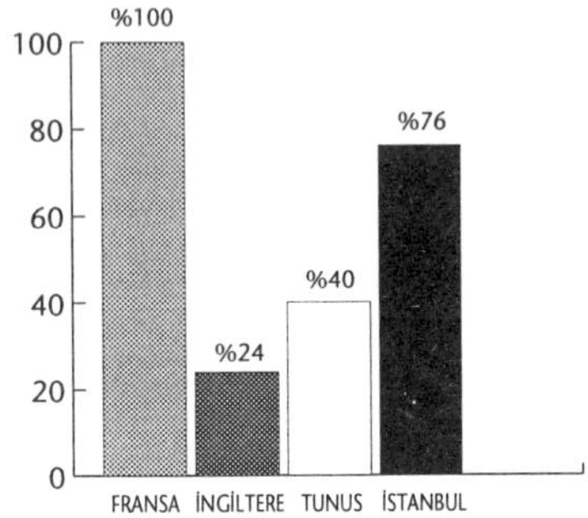

Grafik 2 : Andrea de Joria'nın resimlerinde "yutturamazsın" (8) anlamına gelen ifadenin farklı kültürlerde aynı yönde algılanma oranları.

D. Morris ve arkadaşları Andrea de Joria'nın "yutturamazsın" (8) anlamına gelen çiziminin algılanışı konusunda Fransa, İngiltere ve Tunus'da araştırmalar yapmışlar ve kültürlerarası farklılıkları ortaya koymuşlardır. Biz bu grafiğe, yaptığımız araştırmalarla İstanbul'da elde ettiğimiz sonuçları da kattık (Grafik 2).

Bu grafikte görüldüğü gibi Güney İtalya'da ve Fransa'da "yutturamazsın" anlamına gelen bu jest, İstanbul'da % 76, Tunus'ta % 40, İngiltere'de % 24 oranında aynı anlama gelmektedir.

d) Teknik ve Kod Jestler :

Belirli bir meslek grubunun kendi aralarında kullandıkları jestlerdir. Polisler, borsa memurları, krupiyeler gibi. Bu kişilerin anlatım için kullandıkları jestler birbirleri ve onlarla ilişkili olanların anladıkları teknik jestlerdir.

Kod jestler, dilsiz alfabesinin ellerle kodlanması ve ellerle yazılması gibi, bilgiyi sistemli bir şekilde kodlayan jestlerdir.

Yüz İfadeleri ve Baş Hareketleri

Yüzü
Onun yüzü
Taze bir yaprak gibi
Kıpırdar durur içimde
Oysa nice güzler geçti
Bunca yaprak döküldü dalından
O günden beri

O. Rifat

YÜZ İFADELERİ

Zihnimizden, gönlümüzden silinmeyen, zengin anlamlarıyla içimizde derinleşen pek çok yüz vardır. Bir bakış, bir gülüş, bir ifade hayal ettikçe, düşündükçe yankılanır, derinleşir, unutulmaz. Nasıl böyle silinmez derin izler bırakır bir yüz? Beden dilimizin en belirgin ve en kesin anlamları yüzümüzdedir. Bakar, güler, anlatırız, bazen de bakmaz, gülmez ama yine anlatırız. Bir yüzde yüzlerce anlam gizlidir.

İnsanlar genellikle duygu ve yüz ifadelerinin birbirleri ile doğrudan ilişkili olduğuna inanırlar. Ancak bilim adamları duygular ile bu duyguların yüzle ifadeleri arasındaki ilişkinin böylesine açık olmadığını düşünmüşler ve çeşitli araştırmalara yönelmişlerdir. Bu araştırmaların sonucunda kişiye ve sosyal yapıya ait bilinç ve bu bilincin oluşturduğu düşüncenin, insanın yüz ifadesini etkilediği ortaya konmuştur. *İnsanın düşüncesi; duygu ve yüz ifadeleri arasındaki doğrudan bağlantıyı engeller, etkiler ve yönlendirir.*

18. yy'da Erzurumlu İbrahim Hakkı Bey *Marifetname* adlı geniş eserinde Kuran-ı Kerim'in tefsiri ile dünya, canlı ve cansız varlıklarla ilgili yorumlar yapmıştır. Kitapta, genel olarak insan bedeninin oluşma biçimi dini yaklaşımlarla ele alınmıştır. Kitabın bir bölümünde de beden biçimleri, oranları ve bedenin davranışla ilişkileri konusunda belirgin dayanakları olmayan iddialı açıklamalar vardır.

Beden anlatımları ile ilgili bilimsel yaklaşımlar ilk olarak Charles Darwin'in 1872'de yayımlanan *İnsan ve Hayvanlarda Duyguların İfadesi* adlı kitabında bulunmaktadır.

Daha sonra çağdaş araştırma yöntemleriyle yapılan ciddi çalışmaların başında Wolff'un 1945'lerdeki araştırması gelmektedir. Bu araştırmada beden hareketleri ile insanın iç dünyasının ilişkileri üzerinde durulmuş ve sonuçlar *Jestlerin Psikolojisi* (The psychology of Gestures) adlı eserde yayımlanmıştır.

ANTROPOLOJİK ARAŞTIRMALAR

Aynı yıllarda Birdwhistell da bu konu üzerinde çalışmıştır. Antropolojik alan araştırmaları yapan Birdwhistell, kültürler arasındaki beden dilinin de sözel dil gibi farklı olduğu görüşündedir. Araştırmacı çeşitli kültürler üzerinde yaptığı çalışmalarda beden dilini ortaya çıkaran ön koşullar üzerinde durmuştur. Birdwhistell'e göre farklı sosyal geçmişi olan çeşitli kültürlerdeki insanlar, benzer duygularını benzer biçimlerde aktarırlar. Ancak bu duygular farklı koşulların etkisiyle oluşabilir.

C. Darwin'in 1872-1877 yıllarında beden dili konusunda başlattığı çalışmalar günümüze kadar birçok araştırmacı tarafından sürdürülmüştür. Bu araştırmalarda iletişimin sözsüz öğeleri üç boyutta ele alınmıştır. Bunlar dil dışı faktörler *(paralanguage),* hareketler *(kinesics)* ve bedenin mekândaki konumu *(proxemics)* dur.

Dil dışı faktörler, hareketler ve bedenin mekândaki konumu konularını kapsayan beden dili konusunda çalışmalar esas olarak iki ayrı teknikte yürütülmüştür. Bunlar kültürlerarası alan çalışmaları ile psiko-fizyolojik laboratuvar çalışmalarıdır.

KÜLTÜRLERARASI ÇALIŞMALARDA ALAN ARAŞTIRMALARI :

Kültürlerarası çalışmalarda beden dilinin biyolojik temelleri üzerinde durulmuş ve doğuştan getirilen davranışlardaki öğrenme ve yeni davranış geliştirme boyutu üzerinde çalışılmıştır.

Batı kültürü ile hiç teması olmamış bazı toplumlardan, Amerikan ve Japon toplumlarına kadar çok çeşitli kaynaklardan elde edilen veriler değerlendirildiğinde, temel duygu aktarımı olan yüz ifadelerindeki ortaklık dikkati çekmektedir.

Paul Ekman *İnsan Yüzündeki Duygu* (Emotion in the Human Face) adlı eserinin çalışmalarını, ABD, Brezilya, Japonya, Yeni Gine ve Borneo'da sürdürmüştür. Araştırmasında kullandığı teknik, yüzdeki duyguları değerlendirme tekniğidir. Kısaca FAST (Facial Affect Scoring Technique) olarak bilinen bu teknik P.

Ekman'ın Psikolog Friesen ve Tomkins'le geliştirdiği, yüz ifadeleri atlası niteliğindedir. Bu katalog daha sonra çeşitli kültürlerin ortak ve farklı yönlerini saptamak için kullanılan bir araştırma metodu olmuştur. Yüz ifadeleri konusunda çok sayıdaki araştırma verisi yüz ifadelerinin evrensel yönlerinin anlaşılmasını sağlamıştır.

Türkiye'de Yapılan Araştırmalar

Ülkemizde de beden dili konusunda bilimsel çalışmalar yapılmıştır. Türkiye'de modern psikolojinin öncülerinden Mümtaz Turhan 1938'den başlayarak konuya eğilmiş, 1966 yılına kadar bazı çalışmalar yapmıştır. 1968'de Psikolog D. Cüceloğlu yüz ifadelerindeki duygusal anlatımları Türk toplumunun bir kesitinde incelemiş ve çalışmasını kültürlerarası farklılıkların araştırılması şeklinde geliştirmiştir.1980'li yıllarda bir süre Türkiye'de yaşamış olan Psikolog Ayhan Lecompte duygusal yüz ifadeleri ve klinik psikoloji konusunda bir çalışma yaparak yüz ifadeleri açısından klinik tanı üzerinde çalışmıştır.

Bu çalışmaların hepsinde duygusal ifadelerin aktarılmasında kültürler arasında ortak yüz ifadelerinin varlığı saptanmıştır.

Temel Duygular

Çeşitli kültürlerde yapılan çok sayıda araştırmadan elde edilen sonuçlar, 6 temel duygu ifadesini aktaran ortak yüz anlatımları olduğunu göstermektedir. Bunlar *mutluluk, korku, öfke, hayret, üzüntü* ve *tiksintidir.*

Yüz ifadelerinden bazılarının doğuştan gelme olduğu düşüncesini sınayan çalışmaların bir bölümü bebekler ve çocuklar üzerinde yürütülmüştür. 1940'larda Fulcher, Goodenough ve Thompson adlı araştırmacılar doğuştan görme özürlü olan ve gören bebekleri incelemişlerdir. Bu bebekler doğum sonrasındaki ilk aylarda benzer çevre uyaranlarına aynı tepkileri gösterdikleri halde, daha sonraki aylarda benzerliklerin azaldığı ve görme özürlü doğan bebeklerin büyüdükçe daha önceki tepkisel özelliklerinin bozulduğu izlenmiştir. Ortaya çıkan bu farklılığa gözün kullanılmasının sebep olduğu bulunmuştur.

Bebeklerde dikkat çeken önemli bir yüz ifadesi de kaynağını mutluluk ve hoşnutluktan alan gülmedir. Bunun taklit ve öğrenme ile ilişkisi yoktur. Bütün bebekler altıncı haftada sosyal gülüşlerine başlarlar. Çevrelerindeki yüzleri taklit etme şansları olmayan doğuştan görme özürlü bebekler de, ilk altı hafta içinde gören bebekler gibi gülme tepkisi verirler.

Doğum anı, insanlar için stres verici ortak durumlardan biridir. İnsanlar bu yaşantıya genellikle ağlayarak tepki verirler. İnsan türüne özgü bu ortak tepki gerçek bir evrenselliğin yansımasıdır.

Görüldüğü gibi hoşnutluk ve hoşnutsuzluğu ifade eden durumlar hayatın ilk aylarında ortaya çıkar ve insan en temel duygularını bunlar aracılığıyla iletir. *Temel duyguların iletilmesinde kullanılan tepki biçimleri, taklit yoluyla öğrenme ve bunları amaçları doğrultusunda kontrol etme boyutları oluşmadan önce doğuştan vardır ve ortaktır.*

PSİKO-FİZYOLOJİK LABORATUVAR ARAŞTIRMALARI

Bu araştırmalar deneysel olarak duygusal değişiklik yaratan durumlar ve onlara ilişkin yüz ifadelerinin incelendiği çalışmalardır. Bu konuda çalışanlar yüz ifadeleri ile belirli duygusal yaşantılar arasındaki ilişkileri tanımlamak için yüz kaslarının aktivitesini ölçmüşlerdir.

Kas faaliyetlerini kâğıda kaydeden EMG (elektromiyografi) cihazı kullanılarak, bu alanda yapılan araştırmalar 1970'lerde Izard'ın çalışması ile başlamıştır. Araştırmacı herhangi özel bir durumun hayal edilmesi ile oluşturulan duygunun, yüz kaslarına yansıyan elektrik aktivitesini ölçmüştür. Bu araştırmada *benzer duyguları yaşayan deneklerde benzer kas faaliyetleri gözlenmiştir.*

Bu konudaki ilginç araştırmalardan birinde, deneklerden kendileri için son derece üzücü bir durumu hayal etmeleri ve mümkün olduğunca kendilerini bu durumun içinde hissetmeleri istenmiştir. Zihinde hayal yoluyla canlandırılan bu süreçten birkaç dakika sonra araştırmacı, deneklerin iç yaşantılarını "Farklılaşmış Duygular Ölçeğinde" *(Differential Emotions Scale)* tanımlamalarını istemiştir. Araştırma sonucunda *farklı kişisel özelliklere sahip insanların benzer duygusal tepkiler verdikleri görülmüştür.*

Farklı kişi ve gruplarda bile özel bir duygunun hayal edilmesi sonucu ortaya çıkan duygunun tanımlanması arasında ortaklık vardır. Bu özellik *duyguların tanımlanmasında ortak bir dilin varlığını göstermektedir.*

Başka bir çalışmada deneklerden, "mutluluk", "hüzün" ve "kıskançlık" duygularını yaşadıkları çeşitli durumlarla ilgili izlenimlerini hatırlamaları istenmiş ve bunların EMG kayıtları yapılmıştır. Alın kasları, kaşlar arasındaki kaslar, ağız çevresi kasları ve çene kemiği üzerinden şakağa uzanan kaslardan alınan kayıtlarda, bu üç duygusal ifadenin farklı kas grupları ile aktarıldığı görülmüştür. *Bu farkların duyguya bağlı ve kültürden bütünüyle bağımsız olduğu birçok başka araştırmayla da kanıtlanmıştır.*

Bir başka araştırmada, odada yalnız başlarına, stres verici bir film seyrettirilen deneklerin tutumları gizli bir video kamera ile kaydedilmiştir. Yapılan kayıtların analizinde farklı kültürlerdeki deneklerin, filmde meydana gelen olaylar karşısında geliştirdikleri yüz ifadelerinin aynı olduğu gözlenmiştir. Daha sonra Japon ve Amerikalı denekler kendi milletlerinden araştırmacılar tarafından sorgulanmışlardır. Amerikalı denekler araştırmacıların sorularını el, kol jestleri ve yüz ifadelerinin katıldığı anlatımlarla cevaplandırırken, Japon denekler, kendilerini kibar ve sakin bir gülümsemeyle ifade etmişlerdir. Japon denekler, araştırmacılardan baskı gördükleri zaman duygu patlaması yaşamışlar ve bu duruma ayrıca yüz ifadelerinde bıkkınlık ve kızgınlık eşlik etmiştir.

İnsanın yüzünde mimikleri gerçekleştiren çoğu çift olmak üzere yaklaşık 20 kas grubu bulunmaktadır. Teorik olarak bunların sadece gerilip gevşetilmeleri bile, yüzlerce durumu farklı biçimlerde ifade etmeyi mümkün kılmaktadır.

Yüz kasları duygusal bir ifadeyi yansıtma açısından esas olarak üç grupta değerlendirilir.

- Alın kasları,
- Göz kapakları ve çevresi kasları,
- Ağız bölgesi, dudaklar ve çene kasları.

Yüz ifadelerine en derin anlamı göz çevresinde bulunan kas grupları vermektedir.

Sanatçılarla yapılmış ilginç bir araştırma konunun değişik yönlerini ortaya koymaktadır. Bu araştırmada duygusal yaşantıların hayal edilmesinin, duygu göstergeleri olan kalp vurum sayısı, solunum, beyin dalgaları ve ter bezi faaliyetiyle olan ilişkileri incelenmiştir. Yapılan çalışmada, sanatçılara üç farklı uygulama yaptırılmıştır : Birinci uygulamada sanatçılardan, belirli duyguları hissettikleri gibi yaşamaları istenmiştir.

İkinci uygulamada sanatçılardan, aynı duygusal yaşantıları bazı kişisel veya sosyal sebeplerle "göstermemek durumunda olmayı oynamaları" istenmiştir. Burada sanatçılardan istenen yoğun bir duygusal yaşantıya rağmen duygusuz ve heyecansız görünmeye çalışmalarıdır.

Üçüncü uygulamada sanatçılardan, herhangi bir duygu hissetmeden sadece yüz ifadelerini, önceki duygusal yaşantılara uygun hale getirmeleri istenmiştir.

Deneklere, işaret verildikten sonra duyguyu istenilen biçimde göstermek için 30 saniye verilmiştir. Çalışma süresince denekler sakin olarak, tek başlarına bir odada oturmuşlardır. Sanatçılara ellerini, kollarını, bacaklarını ve vücutlarını hareket ettirmemeleri söylenmiş ve yüz ifadeleri video ile kaydedilirken, aynı anda kalp vuruşları ve EMG ile yüz kaslarının aktiviteleri kaydedilmiştir.

Araştırma sonuçlarına göre birinci uygulamada kalp vurum sayısı, yüz kasları aktivitesi ve duygu tanımları listesinden elde edilen değerler yüksek bulunmuştur. Diğer durumlara kıyasla en fazla kalp vurum sayısında artış, deneklerin serbest ve doğal olarak duygularını ifade ettikleri birinci uygulamada görülmüştür. En düşük kalp vurum sayısı duygunun olmadığı ancak sadece rolünün yapıldığı üçüncü uygulamada saptanmıştır.

Bu araştırmanın en ilginç bulgularından biri üçüncü uygulama ile ilgili olanıdır. Bu uygulamada sanatçılar yüz ifadelerini taklit ederken, duyguyu kısmen de olsa yaşamaktan kurtulamadıklarını söylemişlerdir. Oysa bütün değişkenlerin en düşük olduğu durum, üçüncü uygulama olmuştur.

BAŞ HAREKETLERİ

Burada başın yukarıya, aşağıya ve yanlara olan hareketleri söz konusudur. Bu hareketler bir taraftan insanın iç dünyasının yansıması olan anlatım jestlerini diğer taraftan da şematik jestleri oluşturur.

Anlatım jesti olarak baş hareketleri alın ortasından gelip burundan geçerek çeneye gelen bir dikey çizgi ile, kulaklardan gelerek göz altından geçen bir yatay çizgi ekseninde değerlendirilir (Resim 13). Yatay çizgi üzerindeki hareketler kişinin kendisini belirli bir durumdaki yaşantıda algılayış ve değerlendirişidir. Bunlar kişinin yaşanan durumla ilgisini kurar ve tutumlarını yansıtır. Yukarıdan aşağıya olan dikey çizgi ise kişinin diğer insanlarla ilgili durumunu yansıtan hareketleri içermektedir.

Yatay eksen üzerinde yukarıya kalkık bir baş duruma karşı çıkıştan, üstünlüğe kadar çeşitli duyguları yansıtabilir. "Burnu havada" olmak bu baş duruşunun, toplumsal öz bir anlatımıdır (Resim 14).

Yatay eksen üzerinden aşağıya bakan, merkeze dönük baş hareketleri ise uysal, çekingen, kabullenici bir duygu durumunun anlatımıdır. Böyle bir ifade "başı önünde" efendi insan tanımının tipik bir görünüşüdür (Resim 15).

Başın durumları iletişim süresince iletişimin içeriğini etkin olarak belirler ve aktarır.

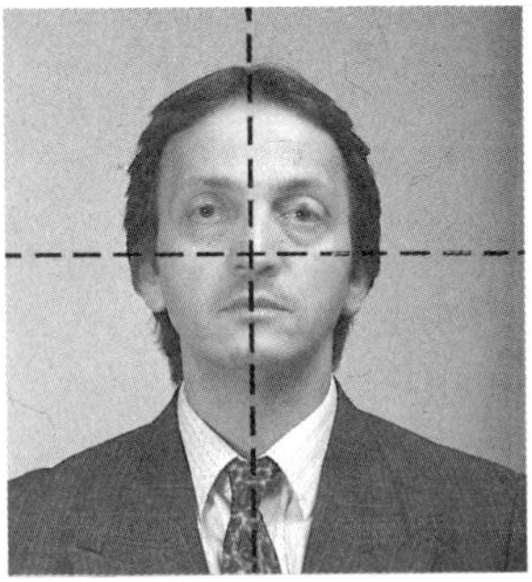

Resim 13 : *Başın iki eksen etrafındaki hareketi.*

Resim 14 : *Başın yatay eksen çevresinde yukarıya kalkışı.*

Resim 15 : *Başın yatay eksen çevresinde aşağıya dönüşü.*

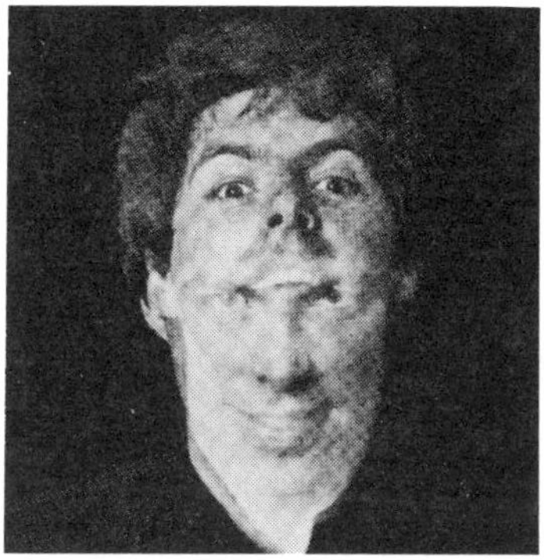

Resim 16 *: Başın yukarıdan aşağıya hareketi.*

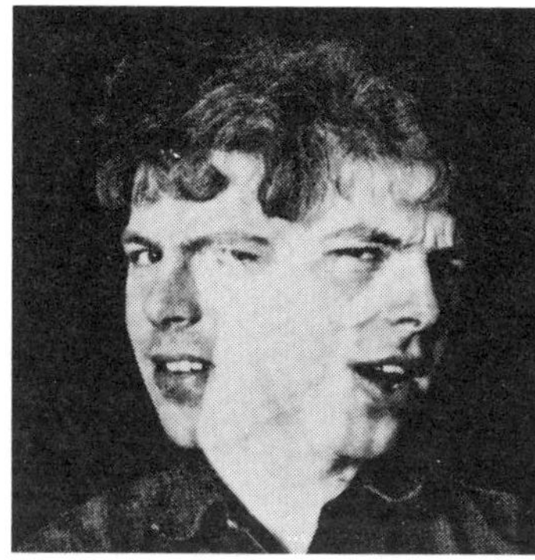

Resim 17 *: Başın sağdan sola hareketi.*

Başın yatay eksen üzerindeki hareketleri kişi veya kişilere dönükse anlamak eğilimi, onların tersindeki bir yöne dönükse anlaşılamayacağı duygusu hâkimdir.

İnsan kendisine yakın bulduğu kişi veya görüşlere doğru başıyla hafif yakınlaşır, uzak bulduğu kişi veya görüşlerden de başıyla hafifçe uzaklaşır. Bu son derece küçük hareket, insanın gerçek duygularını ortaya koymak açısından büyük önem taşır.

Başın bu anlatım jestlerinin bedenin merkezinin duruşu ile birlikte değerlendirilmesi daha doğru bir fikir verir. İnsanın şematik baş jestleri oldukça çeşitlidir. Şematik jestler arasında en çok kullanılan "evet"ve "hayır" jestleridir.

Resim 16'da görülen başın yukarıdan aşağıya doğru sallanma hareketinin, İstanbul'da yaşayanlar tarafından % 85 oranında "evet" anlamında algılandığı görülmüştür.

Resim 17'de görülen başın sağa ve sola sallanma hareketinin, İstanbullu araştırma grubu tarafından % 92 oranında hayır anlamında algılandığı görülmüştür.

İstanbul'da yapılan araştırmadan elde edilen bu sonuç bizim beklemediğimiz bir sonuç oldu. Çünkü bundan 20 yıl öncesine kadar Türk kültüründe başı yukarı kaldırmak "Hayır", aşağı indirmek "Evet" anlamında yorumlanırdı. Alman kültüründe ise başı yukarı aşağı sallamak "Evet", iki yana sallamak da "Hayır anlamına gelirdi.

Aradan geçen süre içinde Türk ve Alman kültürleri arasındaki yakınlaşma ve Türklerin uzun süreler Almanya'da yaşamaları ve bir göç trafiğinin yaşanması bazı jest ve mimiklerin de kopya edilmesine veya hiç olmazsa ne anlama geldiğinin anlaşılmasına yol açmıştır.

Bundan başka başın şematik jestleri ile çok küçük hareketlerle karşımızdaki insanları cesaretlendirici, destekleyici veya reddedici mesajlar veririz. Bu kısa mesajlar insan ilişkilerinde büyük önem taşır.

Örneğin, karşımızdaki kişinin söylediklerini dinlerken başımızı hafifçe yukarı kaldırmamız, konuşan kişide büyük rahatsızlık yaratır. Büyük bir ihtimalle söylediğini tekrarlamaya veya sesini yükseltmeye başlar. Buna karşılık başımızı hafif sallamamız karşımızdaki kişide "anlaşıldım" duygusu yaratır, rahatlık verir ve iletişimi kolaylaştırır.

İnsanlararası ilişkilerde, kişilerin birbirlerine karşı duydukları "sempati" ve "antipati"lerin temelinde, kelimelerle ifade etmekte zorluk çektikleri olumlu ve olumsuz duyguların arkasında bu tür küçük beden dili işaretleri ve sözsüz mesajlar yatmaktadır.

Eller, Kollar ve Parmaklar

ELLER VE PARMAKLAR

Eller insanın kendini ifadesinde en duyarlı ve etkili organlarıdır. İnsanın elinin becerisinin gelişmesi, beynin biyolojik gelişimine paraleldir. İnsan beyninin düşünüp hayal ettiğini, eller gerçekleştirir. Ellerin tecrübeleri beyne yeni düşünce ufukları açmıştır. İnsanın işaretparmağı ve başparmağının evrimi, bilim ve tekniğin bugüne kadar geliştiremediği olağanüstü duyarlıkta hareketli bir organın ortaya çıkmasına yol açmıştır. Bir çocuğun parmağının ucunda bir santimetre karede 6.000 sinir hücresi sonlanmaktadır. Bu inanılmaz kapasite ile insan, parmakları arasındaki bir saç kılını veya bir toz zerresini algılayabilir.

İnsan kor halindeki demiri elindeki çekiçle döverek, ona uygun sertliği verebildiği gibi; piyanonun tuşlarında veya kemanın tellerinde bir saniyede on iki notayı, gerekli dinamizm, ritim ve duyguyla çalabilir.

İnsan eli sadece kendisine verilen araçları biçimlendirmez. Parmak, el ve kol eklemleri aracılığıyla boşluk içinde uzanabilir, düz ve eğimli çizgiler, köşeler, daire ve yuvarlak hareketler yapabilir; tutar, temas eder, kavrar, okşar, çarpar, iter, çevirir, vurur, parçalar.

Elin önemi sadece son derece duyarlı hareket ve hissetme becerisine sahip olmasından değil, aynı zamanda el ve beyin arasındaki karşılıklı bağlantıların zenginliğinden kaynaklanmaktadır.

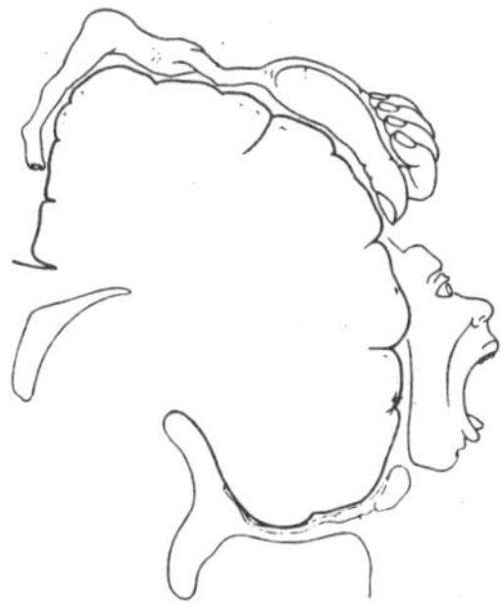

Şekil 6 : Homonculus

Resim 18 : *Karşıdan gelen önerilere açık ve kendini güvenle ortaya koyan duruş.*

İnsan beyninde başparmak ve işaretparmağını kontrol eden hücrelerin kapladığı alan, baş ve bütün duyu organlarının kapladığı alana eşit, ayağın kapladığı alandan da on kat fazladır. Şekil 6'da insan beyninin önden görünüşünün dikine kesitinde çeşitli organların duyusal alanlarının beyin yüzeyinde kapladığı genişlik görülmektedir. Bu şekle dikkatle bakıldığında tepesi üstü duran yüz ve başparmağın çok büyük olduğu orantısız (ucube gibi) bir insan görülür.

İnsan bir şeyi almak veya vermek, bir şeyi tutmak veya yakalamak istediği zaman elleri bedeninden uzaklaşır. Böyle bir işlem sırasında, kişinin bedeni, ellerin ve kolların koruyuculuğunun sağladığı güvene ihtiyaç duyar. Aksi takdirde el ve kolların bedeni örtme imkânından yararlanmak için, kollar bedenden fazla uzaklaştırılmaz.

Kolların hareketi özel bir önem taşır. Bu hareket göğsü öne çıkartan, insanı harekete geçiren aktif bir duygusal enerjiyi yansıtır. Duygusal açıdan açık insanlar karşılarındaki kişilerden kendilerine yansıyan duygu ve düşünceleri kabul etmeye hazır olarak, doğal bir kendine güven içinde kollarını bedenlerinden açarak hareket ettirirler (Resim 18).

KÜÇÜK EL HAREKETLERİ İLE ANLATTIKLARIMIZ

Okşayan bir el, yumuşak hareketlerle cismin şeklini, yüzeyini ve sıcaklığını algılamaya çalışır ve böylece kişiyle cisim arasında bir yaşantı doğar. Temas ederek hissetmek yoluyla kazanılmış olan duygu, entelektüel bilgi yoluyla elde edilenden çok farklıdır.

Bir tavşan postuna gözle bakmak, mikroskop altında incelemek ve elle okşamanın doğurduğu izlenimler bütünüyle farklıdır. Temasın yarattığı farklılığı hepimiz biliriz, ancak çoğunlukla bundan uzak dururuz. Fakat çok kere küçük bir temas insanın içinde bir özlem doğurur ve teması tekrarlama isteğini ortaya çıkarır.

Benzer şekilde kişi kendisinde duygusal yük doğuran bir konuda konuştuğu zaman, duyarlılığı, parmakları ve avuç içi ile âdeta kelime yüzeylerine daha farklı bir anlam vermek istemesinde ortaya çıkar (Resim 19). Böylece insanın sinir uçları uyarılarak, kelimelerin, dolayısıyla da konuşmanın anlamı artar.

Bir eşyanın veya durumun ellerle anlatılması, kaynağını çok eskilerden alır. İnsanların kendilerini kelime ve çizgiyle ifade edemedikleri dönemde, tek iletişim araçları el işaretleriydi. Geçmişte el işaretleriyle cisimler, izlenimler, duygular ve düşünceler anlatılmıştır. Ancak insanın dil becerisinin ileri düzeyde geliştiği günümüzde el işaretleri, hâlâ ifadeyi tamamlayıcı ve anlamı pekiştirici etkilere sahiptir. Hatta, bazen kişi karşısındakinin anlatmak istediğini bir tek el işaretinden bütünüyle anlayabilir.

Örneğin güzel bir kadını tarif etmek için avuç içlerinin yukarıdan aşağı orta noktada daralarak hareket etmesi; bir konudaki tartışmayı bitirmek için elin ya-

***Resim 19** : Kelimeleri ellerinde ve parmaklarında hissedecek tanımlama jesti.*

tay bir şekilde hareket etmesi; kişinin acıktığını anlatmak için elini midesine vurması veya parmaklarını toplayarak elini ağzına götürmesi yeterlidir.

"Gel" Hareketinin Türkiye'de Algılanışı

"Gel," "git," "dur," "hoşçakal" anlamına gelen el hareketlerinin anlatımımızda çok önemli yeri vardır.

"Gel" anlamına gelen hareketlerin Türkiye'deki algılanış biçimi konusunda yaptığımız araştırma sonucunda Resim 20(A) ve 20(B)'de görülen iki el hareketinin de aynı anlamda algılandığı anlaşılmaktadır.

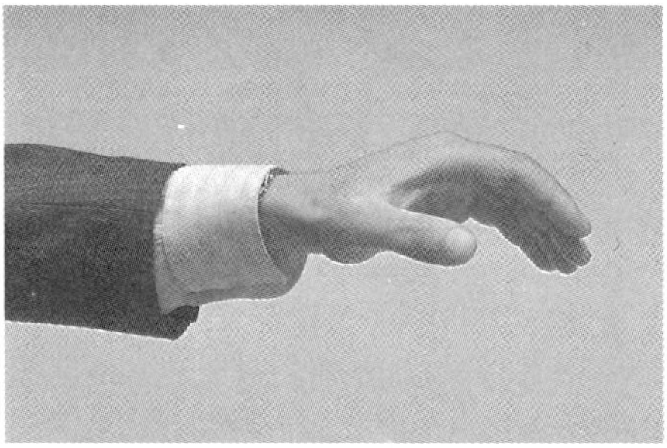

***Resim 20 (A)** : Avuç içi aşağı dönük olarak*

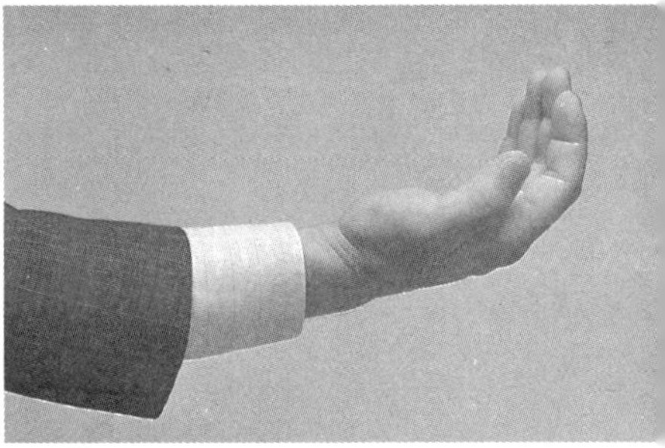

***Resim 20 (B)** : Avuç içi yukarıya dönük olarak*

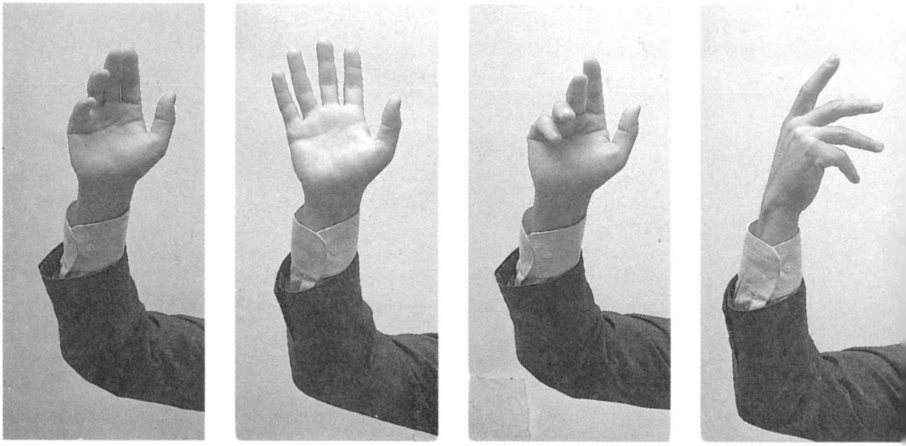

(A) (B) (C) (D)

***Resim 21** : Hoşçakal anlamına gelen çeşitli el sallama biçimleri.*

Çeşitli kültürlerde yaşayan insanlar birbirlerini farklı biçimde selamlayıp, farklı biçimde vedalaşırlar. İstanbul'da yürüttüğümüz çalışmada, çeşitli el sallama şekillerinin nasıl algılandığını araştırdık.

İstanbul'da yaşayanlar arasında "hoşçakal" anlamında el sallama hareketinin, % 71 gibi büyük bir çoğunlukla Resim 21(B)'de görüldüğü gibi yapıldığı saptanmıştır.

Grafik 3, Fransızların "hoşçakal" deyiş biçiminin % 55 oranında Resim 21/A'daki gibi olduğunu göstermektedir.

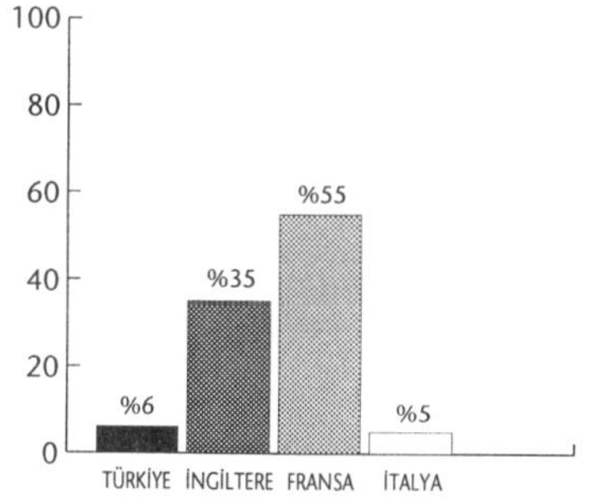

***Grafik 3** : Yukarıdan aşağı (Resim 21/A) el sallamanın Avrupa verileriyle karşılaştırılması.*

Resim 21/B'de görülen Türkiye'de "hoşçakal" olarak kullanılan el hareketinin çeşitli Batı Avrupa ülkelerinde ne oranda aynı biçimde algılandığı Grafik 4'te görülmektedir. Buna göre, Türkiye'deki vedalaşma jesti en çok İngiltere, en az da İtalya ile benzerlik göstermektedir.

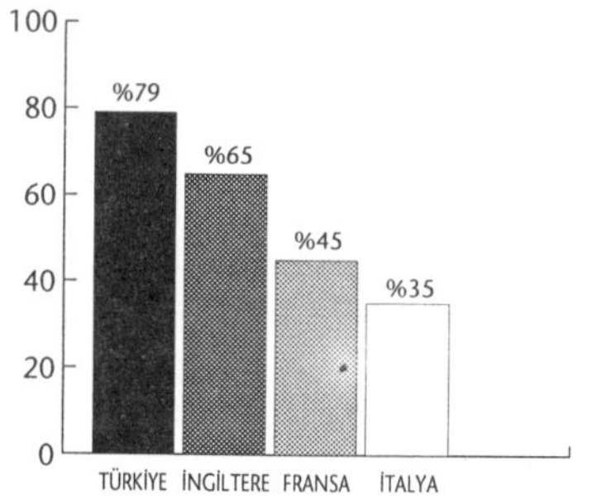

***Grafik 4** : Sağa-sola (Resim 21/B) el sallamanın Avrupa verileriyle karşılaştırılması.*

İtalyanların "hoşçakal" olarak kullandıkları işaretin Resim 21/D'deki gibi olduğu ve bu ülkenin dışında araştırmanın yapıldığı hiçbir ülkede bu işaretin "hoşçakal" anlamında kullanılmadığı görülmüştür.

Bu veriler Türkiye'de İtalyanlarla benzeştiğimiz konusundaki yaygın inançla bütünüyle çelişen bir sonuç vermiştir. İtalyanlar söz konusu jestler açısından Batı Avrupa ülkeleri arasında Türkiye ile en az benzerlik gösteren toplum olma özelliğine sahiptir.

KÜLTÜREL VE SOSYAL FARKLAR

Türkiye, Yunanistan, Japonya, Fransa (güney bölgesi) ve İtalya gibi Akdeniz ülkelerinde insanların önemli bir bölümü açık jestlerle konuşurlar. Kuzey Avrupa'ya doğru çıktıkça, özellikle endüstrileşmenin yoğun olduğu bölgelerde kollar bedene yakın tutulur ve oldukça az hareket ettirilir.

Güney ülkelerinde jestlerle yapılan vurgulamalar, kuzey ülkelerinden daha fazladır. Araştırma filmleri üzerinde yapılan incelemeler, aralarında Türkiye'nin de bulunduğu Akdeniz ülkelerinde jestlerin Kuzey Avrupa ülkelerinden daha sık ve daha büyük hareketlerle kullanıldığını göstermiştir.

Yapılan araştırmalar bu farkın coğrafi bölge özelliklerinden değil, sıcaklık farklarından kaynaklandığını ortaya koymuştur. Ancak sıcaklık farklarının hangi sebeplerle jestlerde böyle bir farklılığa yol açtığı açıklanamamıştır.

Orta Avrupa ve İngiltere'de aristokrat ailelerin çocuklarına eğitim veren yatılı okullarda, yemek yerken öğrencilerin koltuklarının altına kitap yerleştirilir ve hareketleri sınırlandırılır. Yapılan uygulamalar sonucunda çocuklar aldıklarını ve verdiklerini disiplin altına sokarlar, başkalarından bir şeyler almaları ve onlara bir şeyler vermeleri bedensel olarak sınırlanır. Bu eğitimin amacı öğrencilere, davranışlarını azaltarak duygularını bastırmayı öğretmektir.

Böyle bir eğitim kaçınılmaz olarak insanları sıkıştırır ve sınırlı kalıplar içinde düşünmeye zorlar. Zamanla insanlar toplumsal zorunluluklar ve kurallarla sınırlanır, duygularına yabancılaşır ve duygularını ortaya koymakta zorluk çekerler. Benzer durumu çeşitli sahne gösterilerinde de gözlemek mümkündür. Alt sosyo-kültürel topluluklar bir konser sırasında takdir, hayranlık ve beğenilerini coşkuyla ifade ederken, üst sosyo-kültürel topluluklar hayran oldukları sanatçıları bile son derece sönük bir şekilde alkışlamaktadırlar.

Buna karşılık büyük insan toplulukları önüne çıkan bir politikacı kollarını açar, büyük ve geniş jestler yapar, topluluğu âdeta kucaklar ve bu yolla topluluğu etkilemeye çalışır (Resim 22). Bir lider ne ölçüde önemli fikirler taşırsa taşısın, donuk bir ifadeyle konuşarak karşısındaki topluluğu etkileyemez ve onları fikirlerinin peşinden sürükleyemez.

Böyle bir konuşma sırasında ellerin havaya kaldırılması, yumruk yapılması başarıyı, gücü ve mücadeleyi hissettirdiği için, topluluğu heyecanlandırır ve olumlu yönde etkiler.

***Resim 22** : Konuştuğu topluluğa zafer ve başarı duygusu yaşatmayı vaadeden bir jest.*

Bir Gözlem

Lozan Konferansı'nın 68. yıldönümü sebebiyle düzenlenen bir konferansa sayın E. İnönü ve sayın S. Demirel katılmışlardı. Toplantıyı düzenleyen derneğin ve toplantının özelliği olarak sosyal demokrat eğilimli kişilerin doldurduğu salonda, büyük alkış ve coşku ile kürsüye gelen E. İnönü son derece tutuk ve renksiz bir konuşma yaptı ve sözlerine devam edeceği beklenirken, "Eh artık zamanım doldu" diyerek sözlerini bitirdi ve kürsüye gelişi ile kıyaslanmayacak şekilde sönük bir alkışla yerine döndü.

Daha sonra kürsüye gelen S. Demirel'in yaptığı konuşmanın her bölümü artan bir ilgiyle izlendi ve sık sık alkışlarla kesildi. Sayın Demirel sunuş tekniklerine son derece uygun konuşmasının sonunda sayın İnönü için oraya gelmiş olan kişilerin hayranlığı ve coşkun alkışları arasında kürsüden indi.

Bir konuşmada verilen mesajın sadece % 10'unun kelimelerle ilgili olduğu hatırlanırsa, fikirlerin geniş topluluklara mal edilmesinde beden dili ve ses tonunun önemi kendiliğinden ortaya çıkar.

Toplumun alt sosyo-kültürel kesiminde jestlerin, üst sosyo-kültürel düzeye göre daha fazla kullanıldığı ileri sürülmüştür. Bu yaklaşımın temeli, geçen yüzyılda İngiltere'de Victoria çağında yayımlanan *İyi Toplumun Alışkanlıkları* (The Habits of Good Society) kitabıdır.

Bazı kimseler duygularını daha özgürce ifade etmeyi, duyguları kontrol edememek olarak yorumlasalar bile, *bugün bu görüşler giderek önemini kaybetmektedir.* Her sosyal düzeyde jestlerini yoğun biçimde kullanan ve kullanmayanlar olduğu bilinmektedir.

Jestleri kullanmak konusunda toplumlar ve insanlar arasındaki farkların yanı sıra, her bireyin kendi içinde de büyük farklar vardır. Kişi jestlerini farklı durumlarda ve farklı zamanlarda farklı şiddet ve sıklıkta kullanabilir. Bu farklılığı insanın içinde olduğu duygusal durum belirleyebildiği gibi, konunun kişi için taşıdığı duygusal önem de belirler.

Ellerin açılması, kişinin dünyayla ilişki kurmak için harekete hazır olduğunu; kapanması da, bu konudaki isteksizliğini gösterir. Bu sebeple beden dillerine dikkat ederek, birlikte olduğumuz insanların içinde bulundukları duyguyu anlamak mümkündür.

Kolların kavuşturulması, üzerinde en fazla tartışılan jestlerin başında gelmektedir. Bu jesti yorumlarken kol kavuşturmaya eşlik eden diğer işaretlere de dikkat etmekte yarar vardır. Eğer omuzlar, kollar, boyun içeri çekilir ve beden küçültülürse bunun kesin bir savunma davranışı olduğunu herkes bilir. Ancak sadece ellerin göğüs üzerinde kenetlenmesini, kişinin kendi hareketini engelleme çabası olarak yorumlayanlar da vardır. Çünkü hareket insanın göğsünden kaynaklanır ve ellerle dış dünyaya yansır. Hareketli bir insan, bir toplantı veya konferansta susmak ve durmak zorundaysa, kendisindeki hareketi böyle frenle-

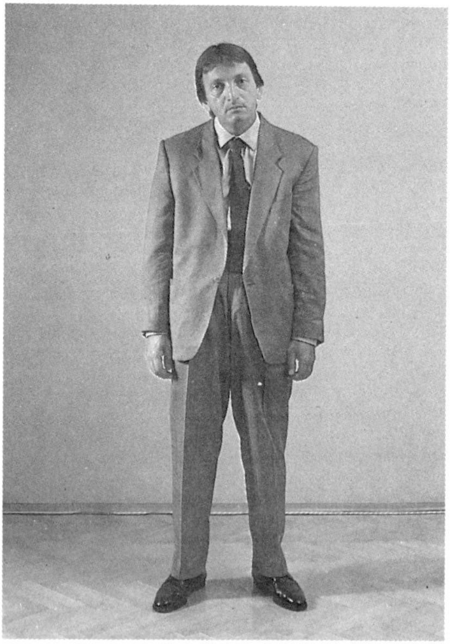

Resim 23 : *Düşük omuzlu, kolları ve elleri yana sarkık, hayat enerjisi zayıf bir insan.*

yebilir. Fakat bununla beraber daha sonra açıklanacağı gibi, *kolları kavuşturarak dinlemek, algıyı olumsuz yönde etkilemektedir.*

Konuşurken ellerini ve kollarını fazla oynatmak kabalık sayılsa bile, yine de insanlar bunu yaparlar. Çünkü elleriyle hiçbir jest yapmadan konuşan kişi son derece monoton görünür ve insanın ellerini hareket ettirmeksizin bir düşünce ve duygusunu aktarması hemen hemen imkânsızdır.

İnsan kollarıyla, elleriyle yaptığı jestleri büyütür. Konuşurken ellerini ve kollarını çok fazla kullanmak birçok kültürde olduğu gibi bizim kültürümüzde de kabalık, bazı durumlarda da saygısızlık sayılır. Örneğin askerlikte bir astın üstüyle konuşurken ellerini oynatması yasaktır. Böyle bir konuşmayı ilk defa izleyen kişi, bu durumu fazlasıyla yadırgar, hatta komik bulur.

Eller ancak kolların hareketiyle kişinin bir ilişkiye girme niyetini gösterebilir. Bütünüyle pasif veya "kötürüm gibi" bedenin iki yanına sarkık duran kollar ve eller, kişinin dış dünya ile ilişkiye girmek istemediğinin işaretidir. Benzer şekilde büyük bir hayal kırıklığı yaşadığı zaman da kişi duygularını düşmüş omuzlar, kollar ve ellerle ortaya koyar (Resim 23).

TEMEL EL HAREKETLERİ

Bir orkestra şefinin elinde tuttuğu baton ne işleve sahipse konuşan kişinin elleri de aynı işlevi yürütür. *El hareketleri konuşmamıza ritim ve vurgu katarak, düşüncemizin duygusal tonunu ortaya koyar.* Ellerin konuşma sırasında temel görevi konuşmanın bizce önemli olan noktalarını vurgulamaktır. El hareketleri konuşmayla öylesine bütünleşmiştir ki, çok kere telefonla konuşurken bile bu hareketleri yaparız.

Topluluk karşısında konuşurken el hareketleri özel bir önem kazanır. İnsan konuşurken elini "salladığını" bilir ancak çok kere elinin hareketlerinin tam olarak farkında değildir.

Avuç İçinin Yukarı Bakması

İnsanın ellerini kulllanışının iki şekli vardır: Birincisi avuç içinin açık olarak havaya bakması, ikincisi de avuç içinin yere dönük olması. Avuç içi, dışına kıyasla çok daha fazla duyarlıdır.

İnsanın avuç içini kullanış biçimi, kişinin duygu, düşünce ve iç dünyasıyla ilgili son derece değerli bilgiler verir. İnsan aynı ses tonunu ve kelimeleri kullansa bile sadece avuç içini kullanışındaki farklılık sebebiyle karşısındaki kişiyi rahatsız edebilir, onunla bir çatışmaya sürüklenebilir veya istediklerini zorlanmadan yaptırması mümkün olabilir.

Açık duran bir el, karşısındaki kişiye içini gösterir. Böyle bir el karşısındakine gizlisi ve saklısı olmaksızın güven ve dostluk sunar, uyum ve uzlaşmaya davet

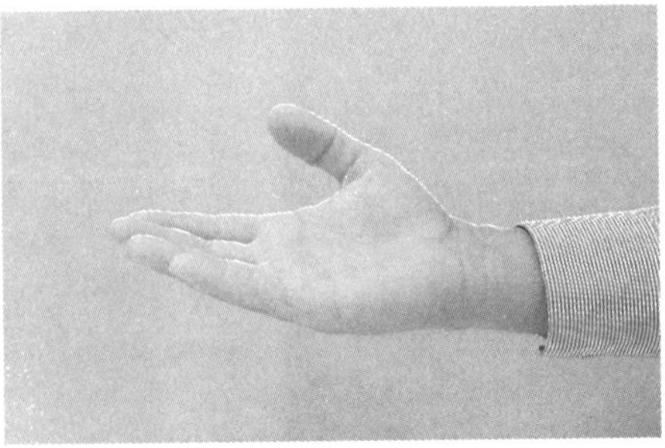

Resim 24 : Avuç içi yukarı bakan açık bir el güven ve dostluk sunar, kendini açık olarak ortaya koyar ve uzlaşmaya davet eder.

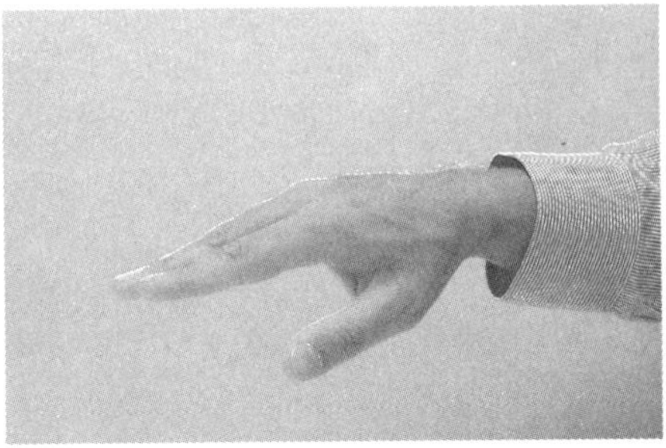

Resim 25 : Avuç içi aşağı bakan açık bir el kendisini dış dünyaya kapatmış, güvensiz bir ifadedir.

eder. Açık bir el insanın kendi isteğiyle aldıklarını ve verdiklerini sembolize eden bir jesttir (Resim 24).

Avuç İçinin Aşağı Bakması

Daha duyarlı olan avuç içinin aşağı dönük olması, elin tersinin yukarı veya karşıdaki kişiye bakması, kişinin hassas tarafını dış dünyaya kapadığının işaretidir. Bir konuşma sırasında sürekli olarak elinin tersini konuştuğu kişiye karşı tutan biri, ya duygularındaki güvensizliği örtmeye çalışıyordur veya karşısındakinden sakladığı bir şey vardır (Resim 25).

Bu şekilde konuşan insanlarla uyum sağlamak zordur. Çünkü bu tür insanlar fikirleriyle âdeta bir duvar örerler ve her türlü uzlaşmayı imkânsız kılarlar.

İnsanlarda el hareketleri durumdan duruma, kişiden kişiye ve kültürden kültüre farklılık gösterir, konuşma sırasında en çok kullanılan başlıca el hareketleri şunlardır:

1- *Havayı hassas bir şekilde kavrama:* İnsan eliyle ya anlattığı konuya hassasiyet kazandırmaya çalışır ya da konuştuğu konuyla ilgili olarak gücünü göstermeye çalışır (Resim 26). Hassasiyet jestinde başparmak ve parmak uçları, güç jestinde ise elin bütünü kullanılır.

İnsan küçük cisimleri nasıl parmaklarının ucunda dikkatle tutarsa, duygu ve düşünceleri büyük bir hassasiyetle anlatmak istediğinde de bu jeste başvurur.

Bazen zihnimizdeki bir sorunun cevabını bulamadığımız ancak çok yakın olduğumuzda bu arayışı parmakların arasında havayı tutar gibi yaparak gösteririz.

2- *Havayı güçlü bir şekilde kavrama:* Güçlü kavrama jestini, bir konudaki kararlılığımızı ve gerekirse en sert mücadeleye bile hazır olduğumuzu göstermek için kullanırız (Resim 27). Özellikle politikacılar bu jesti topluluk önünde yaptıkları konuşmalarda sık sık kullanırlar. Sıkılmış bir yumrukla yapılan konuşma toplulukları duygusal olarak heyecanlandırır.

3- *Havaya vurmak:* Oldukça saldırgan bir ton taşıyan bu jestte konuşmacı açık olan avuç içiyle yukardan aşağı havaya vurur. Bu (Resim 28) kişinin savunduğu fikirdeki kararlılığının, gerekirse kavgaya kadar gidebileceğinin işaretidir.

4- *İki elin makas gibi kişiden yana doğru açılması:* Bu çok şiddetli bir reddediş ifadesidir. Konuşmacı bu jestiyle, sağındaki ve solundakilerle arasına düşmanca bir set çektiğini göstermiş olur (Resim 29).

Resim 26 *: Anlatılan konuya hassasiyet kazandırmak için havayı hassas bir şekilde kavrama.*

Resim 27 *: Bir konudaki kararlılığı gösteren havayı güçlü bir şekilde kavrama.*

Resim 28 *: Savunulan fikirdeki kararlılığı*

Resim 29 *: Şiddetli bir reddediş.*

Resim 30 : *Avuç içini karşıya dönük tutarak yukardan aşağı hareket ettirmek, hayali bir karşı koyuşu bastırmayı amaçlar.*

Eli yanlamasına yukarıdan aşağı doğru hareket ettirmek hayali bir karşı koyuşu bastırmaktır ve kişinin kendi görüşünün gücünü ortaya koymayı amaçlar. Bu üstünlük belirten bir davranıştır. El ayasının aşağı dönük ve hafif yan olarak yukardan aşağı sert bir şekilde inmesi kesin bir karşı çıkıştır. Bu sırada baş ve beden kendini savunurcasına geri çekilir (Resim 30).

5- *Elin yumruk olarak kullanılması:* Yumruk insanı koruyan doğal bir silahtır. Yumruk ile sadece rakibin yüzüne veya karnına vurulmaz. Yumruk tehdit edici bir biçimde sallanabilir,masaya dayanabilir ve hiç değilse yumuşak bir hareketle havada tutulabilir. Yumruğu masaya vurmak kabalık, duygulara ve duruma

Resim 31 : *Elle yapılan kışkırtıcı ve saldırganca jest.*

Resim 32 : *Konuşmaya otoriter bir hava veren ve kişinin ısrarlılığını gösteren jest.*

egemen olamamanın bir işaretidir. Ellerle yapılan en saldırganca jest budur. Sıkılmış bir yumrukla havayı döven kişi, savunduğu fikre karşı çıkıldığı takdirde, mücadeleyi nereye götüreceği konusunda şüphe bırakmaz (Resim 31). Bu jest, radikal politikacılarda sık rastlanan bir jesttir.

Her sıkılan yumruk, taraflar fark etmese bile, saldırganca bir uyarıdır ve karşıdaki kişi tarafından benzer biçimde cevaplandırılır. Sıkılmış bir yumruk aynı zamanda, "bu konu veya fikir için mücadele etmeye hazırım" anlamına da gelir. Konuşmaya başlamadan yumruklarını sıkan kişi karşısındakine: "Usulüne uygun tartışmaya başlamadan önce, benim de senin kadar kuvvetli olduğumu bilmelisin" demek ister.

6- *Parmağın havaya kalkması:* Elin sıkılarak işaretparmağının havaya kalkması, konuşmaya otoriter bir hava verir. Çok yaşlı ve güçsüz bir insanın bile parmağını kaldırarak konuşması, savunduğu görüş konusundaki ısrarını gösterir (Resim 32).

Çok kere insanlar karşılarındaki kişiyi suçlarken de bu jesti kulanırlar. Ancak bu defa parmak suçlanan kişiyi gösterir. Bu jest anne-babalar, öğretmenler, polisler, hâkimler, yöneticiler gibi otoriteyi temsil edenler tarafından sıkça kullanılır. Böylesine otoriter ve üstünlük belirten yaklaşım, dinleyenlerde direnç ve rahatsızlık yaratır. Bu rahatsızlık insanlarda karşı koymak, söylenenin tersini yapmak isteği doğurur ve o kişiye karşı hınç duyulmasına neden olur.

İşaret parmağımızı uzatıp karşımızdaki kişiyi suçlarken, diğer üç parmağın da kendimizi göstermekte olduğunu unutmamamız gerekir. Bu görüntü, karşımızdakini suçladığımız konuda kendi sorumluluk payımızı düşünmemiz açısından önem taşır (Resim 33). Karşı tarafı suçladığımız birçok durumda ya yetersiz eğitim, ya da eksik denetim sebebiyle sorumluluk altında olma ihtimalimiz çok yüksektir.

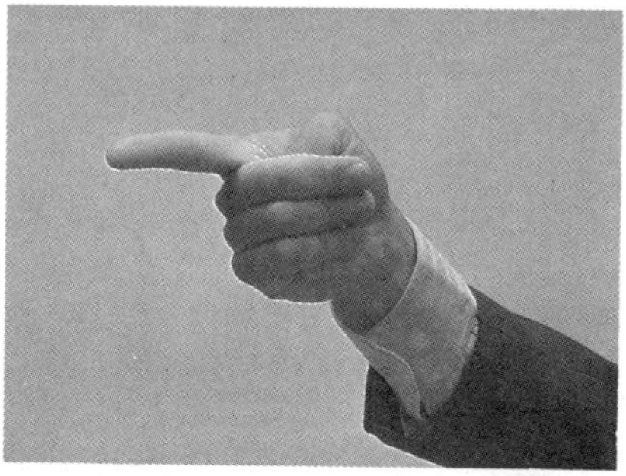

***Resim 33** : İnsan birisini suçladığı zaman bir parmağı karşısındakini gösterirken üç parmağı kendisini işaret eder.*

Resim 34 : *Dinleyicileri fikrine katılmaya yüreklendiren hareket.*

7- *Avuç içinin yukarı bakması:* Bu durumda, konuşmacı son derece yumuşak bir şekilde, dinleyiciden kendi fikrine katılmasını istiyor demektir (Resim 34).

Benzer şekilde bir tartışma sırasında, düşüncelerini ellerini açarak ifade eden bir kişi kendi görüşüne karşı olan fikirlere de açık ve uzlaşmaya hazır bir tutum sergiler. Görüşlerini bu şekilde dile getirenler, büyük çoğunlukla fikirlerini kabul ettirmekte daha az dirençle karşılaşırlar.

Bir fikri, bir öneriyi, bir izlenimi veya bir daveti açık bir el jestiyle yapanlar, karşı görüşlere ve tekliflere de hazır olduklarını ortaya koyarlar. Açık bir el, karşıdakine saygı ve karşılıklı eşit ilişki önerisidir (Resim 35).

Resim 35 : *Kendini ortaya koyan ve karşısındaki kişiyi fikrine katılmaya davet*

Avuç içinin, yukarı bakarak, karşıdaki kişiye uzanması, o kişiye açık bir tekliftir.

8- *Avuç içinin aşağı bakması:* Böyle bir jest artmış olan gerginliği kontrol etmek isteyen soğukkanlı bir yaklaşımın işaretidir. Bu jest uygulayana karşı tarafta direnç doğurmayan bir üstünlük verir (Resim 36).

9- *İki elin avuç içlerinin karşıya bakması:* Bu şekilde bir hareket kişinin karşıdan gelen hayali bir tehdidi durdurmak istemesi ve kendisine yöneltilen eleştiriye karşı çıkmasıdır. Bu jeste çoğunlukla kişinin ses tonu ve yüz ifadesi de eşlik eder ve karşı tarafı durdurmayı, kendi sınırlarından içeri sokmamayı amaçlar (Resim 37).

10- *İki elin avuç içlerinin kişinin kendi göğsüne bakması:* Bu jest, karşıdaki kişiyi veya fikri kucaklayarak, onunla uyum içinde olmak isteğini yansıtır. Aynı za-

Resim 36 *: Gerginliği kontrol etmeyi amaçlayan soğukkanlı bir yaklaşım.*

Resim 37 *: Kendisine yönelen sözlü tehdidi durdurmaya çalışan ve karşısındakine sınırlarını belirten jest.*

Resim 38 *: Kişinin kendi göğsüne bakan elleri, karşısındaki kişiyi veya fikri kucaklamak ve uyum içinde olmak isteğini yansıtır.*

Resim 39 *: Düşüncelerini karşısındaki kişiye ulaştırmayı amaçlayan yumuşak ve rahatlatıcı bir jest.*

manda bu jest bir fikri tartışmaya açmak, sınırlarını belirlemek ve karşıdaki kişiyi kendine yaklaştırmak amacını taşır (Resim 38).

11- *İki elin avuç içinin birbirine bakar şekilde yanda olması:* Bir öncekine benzeyen bu hareket karşıdaki kişiye uzanan bir eldir. Tartışılan kişiyle olan mesafeyi kapatmak ve ifade edilen kelimelerle onun zihnine ulaşmak isteğini gösterir (Resim 39).

Ellerin konuşulan kelimelere ve ortaya koyulan fikirlere kattığı anlam ve ifade zenginliğine, bedenin bütünü, baş ve ayaklar da bir ölçüde katkıda bulunur. Özellikle konuşan bir kişiyi dinlerken, başın hareketleri karşıdaki kişide "dinleniyorum," "anlaşılıyorum," "kabul ediliyorum" duygusu yaratır. Bu duygu sağlıklı bir iletişimin çok temel bir öğesidir.

Bedenin bütününün konuşulan konuya katılması çoğunlukla büyük topluluklar önünde konuşan ve onların duygularını harekete geçirerek etkilemeyi amaçlayan politikacılarda görülür. Bu jest kişinin söyledikleriyle bütünleşmesini yansıtır.

Politika dışında sanat alanında orkestra şeflerinin sadece ellerindeki batonla değil, bedenleriyle de müziği birleştirdikleri görülür.

Benzer şekilde ayakların da kişinin ortaya koyduğu fikirlerin bir parçası olarak kullanılması konuşmacının duygusal açıdan gergin ve patlamaya hazır olduğunun işaretidir. Ayakları ile yere vurarak konuşan kişiler, karşılarındaki topluluğun sadece kafasına değil, aynı zamanda da duygularına da seslenmeyi amaçlamaktadır.

***Resim 40** : Kişinin hoşlanmadığı bir durum veya nesneyi kendisinden uzaklaştırma hareketi.*

Resim 41 : İki taraflı üstünlük jestleri.

Uzaklaştırma Hareketleri

Kişi ellerini açık olarak kendisinden dışa doğru hareket ettiriyorsa herhangi bir şeyi bedeninden uzaklaştırmak istiyor demektir.

Ellerini kendisinden uzaklaştırma jesti, kişinin hoşuna gitmeyen bir durumu veya bir şeyi reddetmek için de kullanılır (Resim 40).

Bu bir öneri veya kendisine yüklenmek istenen ağır bir sorumluluk olabileceği gibi, masa üzerindeki boş kahve fincanı veya dolu kül tablası da olabilir.

ÜSTÜNLÜK BELİRTEN HAREKETLER

Sıkılmış yumruğuyla işaret parmağını kâğıt üzerine uzatarak, yapılan bir hatayı sekreterine işaret eden bir yönetici hiçbir mazereti kabul etmeyeceğini açıkça ortaya koymaktadır (Resim 41). Sekreterin elinin tersini göstererek yöneticisine verdiği karşılık nezaket ölçülerini zorlamaktadır ve bu asttan beklenen bir davranış değildir.

Aynı şekilde kendisine bir şey söylemeye çalışan astını elinin tersiyle kendisinden uzaklaştıran yönetici ona değer vermediğini göstermektedir ve bu bir hakarettir.

Başını geri atarak kendini yükseğe ve uzağa alan, elleriyle sınırı çizen ve durumu bütünüyle kontrol ederek şartları dikte eden bir hâkimiyet jesti, karşı tarafta gerginlik ve direnç yaratır (Resim 42).

Ellerini bedeniyle bütünleştirmiş, başı geride ve yukarıda bir jest de, "Buranın sahibi benim, benim dediğim olur" mesajını vermektedir (Resim 43).

Masasında arkaya yaslanarak, elleri ensede kenetlemek, kesin bir sahiplik

***Resim 42** : Sert bir hâkimiyet jesti.*

ve üstünlük jestidir. Bu kişi, kendi alanındaki üstünlüğünü ve hiçbir konuda tartışma kabul etmeyeceğini karşı tarafa göstermek istemektedir (Resim 44).

Resim 45-48 arasındaki tüm jestler üstünlük belirten hareketlerdir. İnsan bunları bazen elinde olmadan yapar. Ancak bu tür davranışlar çoğunlukla karşı tarafta düşmanca ve saldırganca duygular uyanmasına yol açarak direnç oluşturur. Büyük çoğunlukla bu işaretler alıcı tarafından bilinçli olarak yorumlanmaz, ancak kaynağını insanın doğasından aldığı için yine de tepki doğurur.

Bu sebeple bu tür üstünlük belirten davranışlardan kaçınmakta yarar vardır. Davranışlar üzerinde küçük değişikliklerin çok olumlu sonuçları olabilir. Birinin

***Resim 43** : Bir başka üstünlük jesti.*

***Resim 44**: Tartışma kabul etmeyen sahiplik jesti.*

***Resim 45** : Bir üstünlük belirtisi olarak omzun tutuluşu.*

***Resim 46** : Bir dostluk yaklaşımı olarak kolun tutuluşu.*

omuzunu yukarıdan tutmak yerine (Resim 45), sırtını veya kolunu tutarak ve diğer elini açarak, dostça bir gülümsemeyle yaklaşmak çok farklı sonuçlar verir. Böyle bir yaklaşım kucaklamanın yerini tutacak bir izlenim yaratır (Resim 46).

Elleri Ve Bileği Bedenin Arkasında Tutma Ve Kavuşturma

Elleri bedenin arkasında kavuşturmak otoriteyi temsil eden polis, öğretmen ve subaylar arasında çok sık görülen bir jesttir (Resim 47).

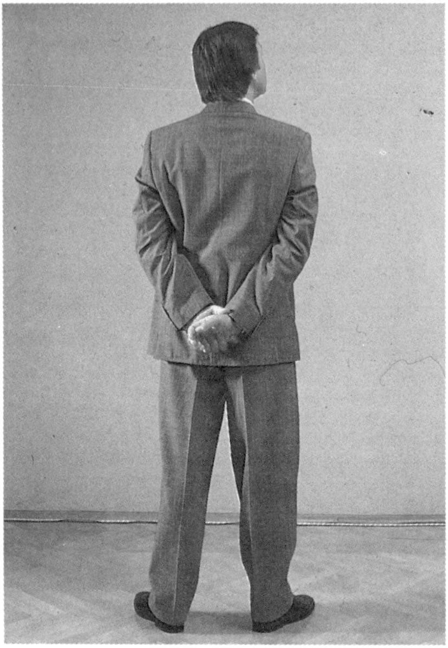

Resim 47 : Kendinden emin, güvenli ve üstünlük belirten bir jest.

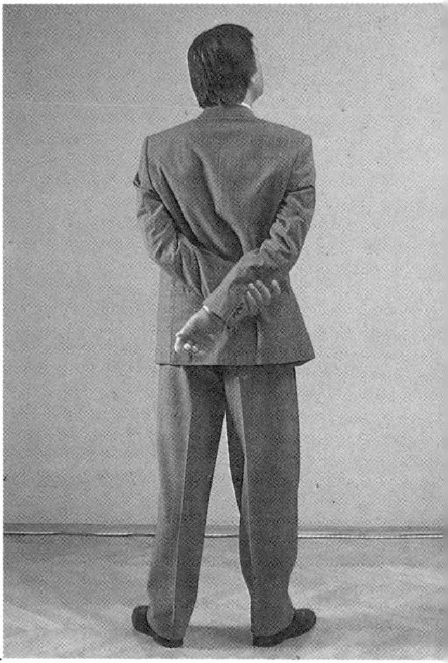

Resim 48 : Artmış iç gerginlik ve kendini kontrol ihtiyacından kaynaklanan üstünlük

Ellerini arkasından kavuşturan kişi, karnı ve göğsü gibi bütün zayıf noktalarını açıkta bıraktığından, kendisini çok güçlü ve bütünüyle güven içinde hissediyordur. Bu sebeple bu jest mutlak bir üstünlük ve kendine güven işaretidir.

Buna karşılık bir elin diğer eli bileğin alt veya daha yukarı bir noktasından tutması ise yaşanan bir gerginliğin ve kendini kontrol etme ihtiyacının göstergesidir. El diğer kolu tutarak, âdeta kendisini saldırganca tutumdan alıkoymak ister. Kızgınlık arttıkça el, bileği daha yukardan tutar (Resim 48).

Daha önce de belirtildiği gibi dışlaşan davranış insanın beden kimyasını belirler. Bu sebeple sınanmak, mülâkata tabi tutulmak, dişçi muayenehanesinde beklemek gibi kaygı düzeyinin doğal olarak yükseldiği durumlarda, kişinin kendine olan güvenini simgeleyen elleri arkada kavuşturma jesti, kaygı düzeyinin düşmesine yardımcı olabilir.

DESTEK OBJELERİ

İnsan dengesini kaybettiği veya kendini güvende hissetmediği zaman, eli bir destek arar. Böyle durumlarda el ihtiyaç duyduğu desteği çakmak, sigara, bardak veya bir çantayı kavrayarak bulmaya çalışır.

Televizyonda çeşitli söyleşi programlarına katılanlarda bu davranışı görmek mümkündür. Örneğin açık oturumlarda katılımcıların ellerindeki kalem âdeta bir cankurtaran simididir.

Özellikle özgüvenleri düşük kimselerde, bir şeyleri veya bir yerleri tutma ve kavrama ihtiyacı çok fazladır. Bu bir sandalye arkalığı veya masa kenarı olabilir. Benzer şekilde kişinin kendi bedenini kavradığı ellerini, bir zincir veya bağ gibi de yorumlamak mümkündür.

Bu durum mecazi anlamda, insanların sıyrılamadıkları alışkanlıklarının, sürekli dillerine doladıkları sözlerinin ve her olaya yansıttıkları ideolojik şablonlarının, onları boşluğa düşmekten korumasına benzetilebilir.

Parmakların ağza girmesi kişinin çok yoğun bir baskı altında olduğunun işaretidir. Desmond Morris'e göre bu jest, kişinin çocukluğundaki emme refleksinin yetişkin hayata yansımasıdır. Çocuğun memesinin veya parmağının yerini yetişkin hayatta sadece parmaklar değil sigara, pipo veya kalem alır.

Her ne kadar ellerin ağız çevresinde gezdirilmesi bir samimiyetsizliğin işareti olarak yorumlanırsa da, parmakların ağza sokulması esas olarak bir güven ve destek arayışından kaynaklanır.

İKİ ELİN BİRLİKTE HAREKETLERİ

İki elin açık veya kapalı olarak birlikte hareket etmesiyle ifade daha güçlenir. Bu ifade rica, selam, kucaklama veya kendini koruma olabilir.

Kişi kollarını kendi önünde bir duvar olarak kullanır. Dirsekler masaya yaslandığı zaman parmaklar birbirlerine geçmiş olabilir, parmak uçları birbirine değebilir veya bir elin yaptığı yumruk diğer avucun içinde olabilir.

***Resim 49** : İç gerginliği yansıtan jest.*

***Resim 50** : Örtük saldırganlığın açık ifadesi.*

Bu jestlerin hepsi üstünlük belirtisidir. Bu jesti yapan kişi zaman zaman durumdan rahatsız olsa bile üstünlüğünü koruduğuna inanır.

Bu şekilde oluşturulan piramidin dikliği iç gerginliğin işaretidir (Resim 49). Parmak uçlarının kişinin karşısındakine doğru yönelmesi ve piramidin küçülmeye başlaması ise gerginliğin dışa yansıyarak saldırganlığa dönüştüğünü gösterir. Bu arada bedene yakın tutulan dirsekler, savunmadaki bir boksörün "gard"ı gibi kişiyi korumaktadır.

Nierenberg ve Colero adlı iki araştırmacının yaptığı çalışmalar elleri kavuşturmanın bir engellenmenin işareti olduğunu ve kişinin olumsuz tavrını çevredekilerden saklamayı amaçladığını ortaya koymuştur.

Saldırgan tutum ve duyguların bir başka açık ifadesi de işaretparmağı ileride, başparmak dik ve diğer üç parmağı avuç içine toplayarak yapılan tabanca işaretidir (Resim 50).

Körfez savaşı sırasında ABD Genelkurmay Başkanı General Powell ilk iki basın toplantısında kendisine soru soran gazetecilere bu jestle söz vermişti. Powell daha sonraki toplantılarında, muhtemelen bu konuya dikkati çekildiği için, parmağıyla işaret ederek söz vermeyi tercih etmiştir.

Başparmağın işaretparmağından ayrı olarak, iki elin parmaklarının birbirine değer şekilde tutulması bir üstünlük ifadesidir (Resim 51). Bu ellere bir kule görüntüsü verir.

Bu jestler büyük çoğunlukla üstlerin astları karşısında kullandıkları ifadelerdir; kendine güven, rahatlık ve "her şeyi bilirim" anlamındadır. Üst düzey yöneticilerini, astlarına talimat verirken veya onlara yapmaları gerekenleri söyler-

Resim 51 : *Ellerle ortaya koyulan bir üstünlük jesti.*

Resim 52 : *Karşıdaki kişiden bir şeyler bekleme hareketi.*

ken böyle görmek olağandır. Bu jeste hukukçular, maliyeciler ve doktorlarda çok sık rastlanır.

Resimdeki gibi kulenin yukarıya doğru kurulduğu pozisyon kişinin kendi görüşlerini açıkladığı, resimdeki kulenin aşağıya doğru kurulduğu pozisyon ise karşıdaki kişinin dinlendiği durumlarda kullanılır.

Açık avuç içine diğer elin parmaklarıyla temas etmek kişinin karşısındakinden bir şeyler beklediğinin işaretidir (Resim 52). Bu maddi bir beklenti olabileceği gibi, bir fikir de olabilir.

Ellerin birbirlerine sürtülmesi farklı anlamlar taşıyabilir. Kararını veren ve harekete geçmeye hazırlanan bir kişi, bütün duygusunu yansıtacağı girişim için ısınıyor olabilir (Resim 53). Aynı jest kişisel bir memnuniyetin veya başka birinin zararından duyulan keyfin ifadesi de olabilir.

Avuç içlerinin çapraz olarak birbirinin içine konması ve parmakların diğer eli sarması sükûnet ve teslimiyet ifade eder (Resim 54). Bu insanın kendi kendisine temasının verdiği rahatlıktır.

İNSANIN KENDİNE TEMASI

İnsanın kendi bedenine teması, gerginliğin yaşandığı durumlarda kişiye rahatlık verir. İnsan bir başka kişiye temas ettiği zaman bunun farkındadır. Ancak insan kendine değer, okşar veya temas ederken büyük çoğunlukla davranışından haberdar değildir.

Çocukluğu döneminde zorlandığında veya kendisinde endişe yaratan durumlarla karşılaştığında anne ve babaları tarafından okşanarak güven verilen in-

Resim 53 : *Yaşayacağı duygular için bir ısınma hareketi.*

Resim 54 : *Kendine temas insana rahatlık sağlar.*

sanlar, bu güvenceyi yetişkinliklerinde de ararlar. Bu sebeple gerginlik yaratan ve kişinin kendisini güvende hissetmediği her durumda insanın yardımına kendi elleri yetişir.

İnsanların kendilerine en çok temas ettikleri ve gerginliklerini hafiflettikleri yüzlerce davranış incelendiğinde en çok aşağıda sıralanan yedi jestin tekrarlandığı görülmüştür.

1- Çeneye yaslanmak
2- Saçı okşamak
3- Yanağa yaslanmak
4- Ağza temas etmek
5- Şakağa yaslanmak
6- Elleri cebe sokmak
7- Kollarla bedene sarılmak

İnsanın kendi bedenine temas ederek iç gerginliğini hafifletmeyi amaçlayan bu jestler hem kadınlar, hem de erkekler tarafından yapılır. Ancak saçları okşamak ve kolları bedene dolamak daha çok kadınlara, şakağa yaslanmak ve elleri cebe sokmak daha çok erkeklere özgü bir jesttir.

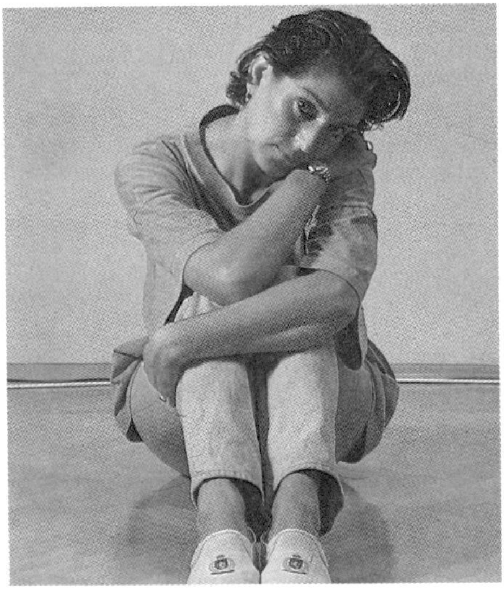

Resim 55 *(Üstte) : Artmış olan iç gerginliğin kendine temas yoluyla hafifletilmesi.*

Resim 56 *(Sağda): Topluluk içinde insanın kendi bedeniyle buluşmasının en sık yaşanan biçimi.*

***Resim 57** : Dikkati yoğunlaştırma isteği.*

İnsanın kollarını kavuşturması, en hassas iki noktasından biri olan kalbi korumanın sembolik bir ifadesidir. Mağara devrinden bu yana geçen zaman içinde insan davranışlarında önemli pek çok değişim olmuştur ve kalbi korumak o günki anlamını, önemini kaybetmiştir. Ancak modern çağda da insanlar kendilerine gerginlik veren bir durum yaşadıkları ve kendilerini duygusal olarak güvende hissetmedikleri zaman kollarını kavuştururlar.

Kol kavuşturma aynı zamanda insanın anne ve babasından beklediği kucaklanma ihtiyacının kendisi tarafından karşılanmasıdır. İnsanın güven ihtiyacının arttığı bazı durumlarda, kişi kendisini tam kucaklayarak bunu karşılamaya çalışır (Resim 55). Bu durumda artmış olan iç gerginlik kendi kendine temasın verdiği rahatlıkla gevşemeye dönüşür.

Topluluk içinde kendine temasın ve dış dünya ile ilişkileri sınırlandırmanın en güvenli yollarından biri de özellikle erkekler için elleri cebe sokmaktır (Resim 56). İnsan keyifli veya sıkıntılı olduğu bütün durumlarda, yalnız da olsa topluluk içinde de olsa, ellerini cebine sokarak çevresi ile ilişkilerini en alt düzeye indirir ve kendi duygu dünyasına çekilir.

Bacak bacak üstüne atmak, elleri yüzün veya bedenin üzerinde gezdirmek veya elleri çeşitli biçimlerde kenetlemek davranışlarının bütünü insanın ihtiyaç duyduğu teması ve dolayısıyla güven duygusunu ona vermektedir. Elin alna, mideye, kalbe götürülmesi önemli birer işarettir.

İnsan bir konuda hayrete düştüğü zaman eli alnına gider. Parmak uçlarının alna teması kaybolan veya ihtiyaç duyulan bir fikri geri çağırmak içindir. Bu jest aynı zamanda dikkatini yoğun olarak bir noktaya toplamak isteyenlerde görülür (Resim 57).

***Resim 58** : Daha çok hava alma ihtiyacı ve sıkıntı ifadesi.*

***Resim 59** : Gerginliği hafifletmek amacıyla kendine temas.*

Elin ağzı örtmesi kişinin hayretinin bir başka ifadesidir. Kişi, şaşkınlığı sırasında kendisini zor durumda bırakacak olan tepkisini böylece durdurmak ister.

Parmakların gömlek ve boyun arasındaki boşluğu genişletmeye çalışması, kişinin daha çok havaya ve alana ihtiyaç duyduğunu, bir başka deyişle zor durumda olduğunu gösterir (Resim 58).

Kulak memesiyle oynamak dikkati yoğunlaştırma isteğinden kaynaklanır. Enseyi ve ensedeki saçları okşamak ise kişinin sıkıntılı bir durumda sevilme ihtiyacını karşılamak amacını taşıyan narsisistik bir jesttir (Resim 59).

DİNLEME, DEĞERLENDİRME, ELEŞTİRİ JESTLERİ

Bir dinleyicinin konuya duyduğu ilgiyi bedenin üst bölümünün, kolların, elin ve başın kullanılışı ortaya koyar. Dinledikleri konuya ilgi duyanların çoğunlukla bir ellerinin kapalı olarak yanakta durduğu ve işaretparmağının da şakak boyunca yukarı baktığı görülmüştür (Resim 60).

Konuya ilgi duyan kişi ilgisini en belirgin olarak bedenini öne doğru eğerek gösterir (Resim 61). Bu şekilde kişi bedeniyle beraber bütün duyu organlarını gelen mesaja açmış olur.

***Resim 60** : İlgiyle dinlemek.*

***Resim 61** : İlgiyle dinlemenin işareti olarak bedenin öne eğilmesi.*

Resim 62 *: İlgi ile dinlemenin bir işareti olarak başın hafif yana yatması.*

Resim 63 *: Kaybolan ilgi ile birlikte ortaya çıkan dinleme biçimi.*

Benzer şekilde başın hafif yana yatması da dinleyicinin konuya ilgi duyduğunun işaretidir (Resim 62). Darwin bu jestin insan ve hayvanlarda ortak olduğunu, hayvanların da çevrelerine ilgi duydukları zaman başlarını yana eğdiklerini söylemiştir.

İster bir ürünü tanıtır veya satarken, ister bir toplulukta konuşma yaparken dinleyicilerin bu jestleri yapmaları ve hafif öne eğilerek sizi dinlemeleri doğru yolda olduğunuzu gösterir. Siz eğer konuşan birini dinleme durumundaysanız, bu iki jeste ilave olarak, arada başınızı hafifçe öne doğru eğerseniz konuşmacının kendini daha rahat hissetmesini sağlarsınız.

Eğer el yanağa değmekten çıkıp, avuç başa destek olmaya başlamışsa, dinleyicinin ilgisi kaybolmuş, bunun yerini sıkıntı almış demektir (Resim 63).

Bir topluluk karşısında konuşurken karşınızdakilerin bir bölümünün bu durumda olduğunu görürseniz, dinleyicilere yönelteceğiniz birkaç soruyla konuşmanıza kısa bir ara vererek, onların zihinsel olarak tazelenmelerini sağlayın.

Buna karşılık işaretparmağı dik olarak yanak boyunca uzanır, avuç içi çeneye destek olur ve ortaparmak da yatay olarak dudağın çevresinde durursa, bu durum genellikle dinleyicinin, konuşmacının kendisi veya söyledikleri konusunda olumsuz düşüncelere sahip olduğunun işaretidir (Resim 67).

Bir konuşma sırasında bu jestle karşılaşıldığında uygun olan, ya dinleyiciyi de konuya katmak veya konuşmayı sürdürmemektir. Dinleyicinin eline bir şey vermek, onun bir hareket yapmasını sağlamak, bu jestin – dolayısıyla da olumsuz tavrın – değişmesine yol açabilir.

Birçok kişi bu jestin ilgi işareti olduğunu düşünür. Ancak elin çeneye destek vermesi açık bir eleştiri işaretidir (Resim 66 ve 67). Bacak bacak üstüne atmak, geri çekilmek ve merkezin kapanması kişinin konuşmacı veya konu ile ilgili eleştiri dozunun arttığının işaretidir.

İster bir konferans şeklinde olsun, ister bir grup önünde tanıtım biçiminde olsun, konuşmacı konuşurken dinleyicileri izleyin; birçoğunun değerlendirme

Resim 64 ve 65 *: Eleştirici dinleme.*

Resim 66 *: Eleştirici bir şekilde dinlemeye eşlik eden kollar.*

Resim 67 *: Eleştirici bir dinlemede engel oluşturan kol ve bacaklar.*

ve eleştirme jestleri yaptıklarını göreceksiniz. Eğer konuşmacı sözünü keser veya bitirir ve karşısındakilere fikirlerini sorarsa bu jestler derhal kaybolur. Dinleyicilerin bir elleri kalkarak çenelerini tutmaya, okşamaya, kaşımaya başlarlar.

Dinleyicinin elini çenesine götürmesi, onun bir karar noktasında olduğunu gösterir. Kararın konuşmacı adına olumlu veya olumsuz olduğunu anlamak için, daha sonraki jestleri dikkatle izlemek gerekir. *Eğer çene tutma (sıkma, okşama, kaşıma) hareketini, kolları kavuşturma, geri yaslanma davranışı izlerse, karar olumsuzdur.* Bu takdirde konuşmacının, dinleyicilerdeki olumsuz kararın söze dökülerek ifade edilmesini beklemeden, savunduğu fikrin ana hatlarını ve temel dayanaklarını kısaca tekrarlamasında yarar olabilir.

Çene tutma hareketini öne eğilme ve sandalyenin ucuna oturma davranışı izlerse, konuşmacının savunduğu fikrin dinleyici tarafından olumlu karşılandığını düşünmek yerinde olur.

DİĞER KARAR JESTLERİ

Pipo, gözlük gibi aksesuarları olanlar, karar verme durumlarında bunları duygu ve düşüncelerini yansıtacak biçimde kullanırlar. Örneğin gözlük kullanan biri karar anında çenesini tutmak yerine gözlük çerçevesinin bir ucunu ağzına sokabilir (Resim 68).

Benzer şekilde pipo içen biri de piposunu ağzına götürerek, karara yönelir. Elindeki kalemi veya parmağını ağzına götürmesi de karar vermesi beklenen kişide gözlenebilecek jestlerdir. Bütün bu davranışlar hızla verilecek bir kararın taşıdığı risklerden korunmak için alınan önlemlerdir. Böylece kişi güvensizliği ve tereddüdünü ortaya koyar ve zaman kazanmaya çalışır.

***Resim 68** : Karar jesti. Ağza sokulan bir obje gerginliği hafifletir.*

Resim 69 *: Baskın bir el sıkma jesti.*

Resim 70 *: Güvenli ve dengeli bir el sıkışma.*

Resim 71 *: Dostça bir el sıkış.*

EL SIKIŞMA

Beden dili konusunda hiçbir fikri olmayanlar bile, elini sıktıkları kişiyle ilgili bazı şeyler düşünürler. El sıkma biçimi insanın kişiliğini ortaya koyma yollarının en başta gelenlerinden biridir.

İnsanların birbirleriyle el sıkışma biçimlerinde esas olarak üç mesaj hâkimdir: Üstünlük, eşitlik ve boyun eğme.

Yapılan bir araştırmada başarılı üst düzey yöneticilerin büyük çoğunluğunun hem el sıkışma işlemini başlatan kişiler olduklarını, hem de avuç içleri yere bakar şekilde el sıkıştıklarını ortaya koymuştur (Resim 69).

Avuç İçinin Yönü

Avuç içinin yere bakması, karşıdaki kişinin elini bütünüyle yatay olarak sıkmak anlamına gelmez. Üstünlük belirten el sıkışı karşıdaki kişiye göre avuç içinin hafif yere dönük olması demektir.

İnsanlar mağarada yaşadıkları dönemden bu yana karşılarındaki kişi için hiçbir tehlike taşımadıklarının işareti olarak onlara avuçlarını göstermişlerdir. Öteden beri kollarını kaldırarak avuç içlerini göstermek, teslim olmak anlamına gelmektedir. Bu sebeple el sıkışırken avuç içinin hafif yukarı dönük olması Resim 69'da sağdaki kişi için karşıdakinin üstünlüğünü kabul etmek anlamına gelir.

Güvenli ve dengeli bir el sıkışma, ellerin dik olarak ve avuçların birbirlerini bütünüyle kavramalarıyla gerçekleşir. Böylece her iki insan da kendi varlığını karşısındakine hissettirmiş olur (Resim 70).

Özel Duyguların Yansıtılması

Karşımızdaki kişiye dürüstlüğümüz ve kendi duygularımızın sıcaklığı konusunda güven vermek istediğimizde, onun elini iki elimizle sıkarız. Kendisine uzatılan eli, iki elle birlikte kavramak, karşıdaki kişiye samimiyet, güven gibi özel duygular beslediğini göstermenin açık bir yoludur (Resim 71).

Politikacılar ve doğulu devlet adamları tarafından kullanılan bu el sıkışma biçimi, o insanlar için büyük çoğunlukla gerçek duyguları yansıtmaktan çok bir gösteri niteliğindedir. İnsanın uzun bir aradan sonra ilk defa gördüğü eski bir dostunun elini bu biçimde sıkması yadırganmasa da, ilk defa karşılaştığı veya çok az tanıdığı bir kimseyle bu şekilde el sıkışması, o kişiden bir çıkar beklentisi içinde olduğunu düşündürür.

Benzer şekilde el sıkışırken, sol eliyle karşısındaki kişinin kolunu veya omzunu tutmak da o kişiye karşı duyulan özel duyguları gösterir. Karşıdaki kişinin kolunu veya omzunu tutan kişi böylece, onun mahrem alanına girmekte sakınca görmediğini ifade etmiş olur. Bu el sıkışma biçimi yakın arkadaşlar arasında ve bu duyguların karşılıklı olarak yaşandığı durumlarda kabul edilebilecek bir el sıkışma biçimidir. Aksi takdirde insanlarda rahatsızlık yaratır.

Buna rağmen bu el sıkışma biçiminin kullanılabileceği ve karşıdaki kişi üzerinde olumlu bir etki bırakabileceği durumlar vardır. Örneğin, şirketin üst düzey yöneticisinin takdir ettiği genç bir memura bu şekilde yaklaşması, onu derinden etkiler ve yöneticisine ve işine karşı çok olumlu duygular geliştirmesine sebep olarak, çalışma motivasyonunu yükseltir (Resim 72).

Başlatma ve Zamanlama

El sıkışma işlemini kimin başlattığının da ayrı bir önemi vardır. Esas olarak elini önce ev sahibi durumunda olanın uzatması gerekir. Ancak bazen misafirler, kabul edilmekten ötürü duydukları memnuniyetin verdiği heyecanla elleri kendilerinden çok önde havada ev sahibine doğru yürürler. Statüleri arasında

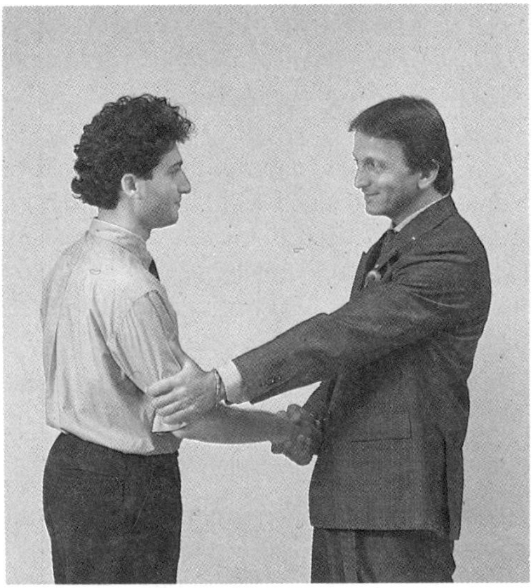

Resim 72 : Olumlu duygular geliştiren el sıkma biçimi.

büyük farklar olanların el sıkışmalarında benzer durumlara çok rastlanır. Örneğin ABD başkanlarının kabul ettiği yabancı devlet başkanlarının bu türlü görüntüleri sık sık televizyon haberlerinde ekrana yansımaktadır.

Zaman algısında farklılaşmalar konusundaki çalışmalardan ilginç sonuçlar elde edilmiştir.

Bazı durumlarda insan hayatında geçen zaman, gerçek değerinin çok ötesinde anlam taşır. Bunlardan biri telefonda, karşı tarafın açmasını veya sekreter tarafından birine bağlanmayı beklerken geçen zamandır. Zamanın olduğundan çok daha uzun algılandığı bir başka durum ise trafik işaretlerinde bekleyen araç sürücüleri için yeşil ışığın yanmasından öndeki aracın hareket etmesine kadar geçen zamandır. Çoğunlukla arka araçlardaki sürücüler, sadece içlerinden kızmakla kalmaz aynı zamanda korna da çalarak gecikmeyi protesto ederler.

Zamanın olduğundan çok daha uzun algılandığı ve daha da tahammülsüz olan bir diğer durum, insanın elini sıkmak için uzattığında, elinin havada kaldığı süredir. Elimiz hemen karşılık bulmaz ve üç-dört saniye bile havada kalırsa, bundan farklı anlamlar çıkartır ve son derece olumsuz duygular yaşarız.

Bu sebeple esas amacı insanları birbirine yaklaştırmak olan el sıkışma eylemi sırasında zamanlama büyük önem taşımaktadır. Atik olup kötü zamanlama yapıldığı takdirde duygusal bir gerginlik yaşamak kaçınılmaz olmaktadır. Benzer şekilde elimizi sıkmaya niyetli olmayan birine el uzatarak onu el sıkmaya zorlamak, çevredekilerin de hemen fark ettikleri bir rahatsızlığın yaşanmasına sebep olur.

Ev sahipliğinin söz konusu olmadığı durumlarda ideal olan iki tarafın hemen hemen aynı zamanda birbirlerine ellerini uzatmalarıdır. İnsanların birbirleriyle karşılaştıkları durumlarda gözlemci olmak ve kimin bu karşılaşmadan daha çok memnun olduğunu anlamak mümkündür. Örneğin, Sovyetler Birliği ile ABD arasında soğuk savaşı bitiren anlaşma imzalandığında, M. Gorbaçov'un heyecandan elini çok önce uzattığı ve R. Reagan'ın yaklaşık 10 saniye sonra çevreden gelen uyarılar üzerine durumu fark ederek buna karşılık verdiği, televizyon kameraları aracılığı ile bütün dünyada izlenmişti.

Süre

El sıkışma işleminin ne kadar devam ettiği de iki kişi arasındaki yakınlığın bir göstergesidir. Normal bir el sıkışma 2-3 saniye içinde tamamlanır. Bu süreden daha uzun devam eden el sıkma, taraflar arasındaki özel bir yakınlığın işaretidir. El sıkışma işlemi sırasında elleri sallayarak konuşmayı sürdürmek, yaşanan olumlu duyguları karşılıklı yansıtma ihtiyacından kaynaklanır. Bu istek taraflardan sadece birinden geliyorsa karşıdaki kişide mutlaka rahatsızlık yaratır.

Kötü El Sıkma Biçimleri

İnsanları en çok rahatsız eden iki el sıkma biçiminden biri, karşısındakine sadece parmaklarının ucunu vererek yapılandır. Çoğunlukla kendi varlıklarından memnun olmayan, güvensiz ve endişeli insanlar, kendilerini karşılarındaki kişiye hissettirmekten çekinerek böyle ürkek bir şekilde el sıkarlar. Bu kimselerin elleri büyük çoğunlukla soğuk ve nemlidir.

***Resim 73** : Güvensiz ve çekingen el sıkma biçimi.*

Bir başka tedirgin ve huzursuz el sıkma biçimi de İngilizler'in "ölü balık" dedikleri el sıkma biçimidir (Resim 73). Bu el sıkışma biçiminde karşınızda âdeta hiçbir kimse yok gibidir.

Herkeste rahatsızlık yaratan bir başka el sıkma biçimi de, karşısındakinin eli üzerinde güç denemesi yapanların el sıkmalarıdır. Bazı kişiler böylece güçlerini göstererek karşılarındakini etkileyebileceklerini zannederler. Oysa çok kere elini sıktıkları kişi üzerinde olumsuz bir duygunun yaşanmasına sebep olurlar.

Sizin el sıkma biçiminiz nasıl? Bunu çevrenizde bulunan yakın ve güvenilir arkadaşlarınızdan öğrenin ve ihtiyacınız olduğuna inanıyorsanız, gerekli düzeltmeleri yapın.

KOL KAVUŞTURMA ENGELİ

Bir canlının kendisini güvende hissetmediği zaman bir cismin arkasına saklanması doğal bir korunma davranışıdır. İnsan yavrusu da hayatının ilk yıllarından başlayarak masaların, sandalyelerin, dolapların altına ve arkasına saklanır. İnsan büyüdükçe kendisini tehdit eden durumları yaşadığında, saklanma davranışı biraz daha incelik kazanır ve altı yaş dolaylarında çocuk, cisimlerin arkasına saklanmak yerine kollarını kavuşturarak kendisini koruyucu bir engel oluşturur ve bu engelin arkasına gizlenir (Resim 74-75). Bu davranışı yaşamın daha ileri dönemlerinde, örneğin gençlik döneminde bacak bacak üstüne atmayla oluşturulan engel izler (Resim 76).

Kişisel olarak bu davranışı kendi çocuklarımızda çok açık olarak gözlediğimizi söyleyebiliriz. Yedi yaşından itibaren oğlumuz kollarını kavuşturup, bedenini geriye çekip, başını öne eğerek durduğunda, daima kendisini zorlayan veya tehdit eden bir durumun varlığını fark etmişizdir. Gerçekten de bu davranış gençlik ve yetişkinlik döneminde de, daha sonraki yıllarda da bir hayat boyu devam eden olumsuz, savunmaya yönelik bir tavırdır ve kişinin kendisini tehdit altında hissetmesinin en açık işaretidir.

Giyim alanındaki büyük bir kuruluş, bir yönetici arıyordu. Bu amaçla eğitimi ve geçmişi oldukça parlak bir adayla mülakat yapılıyordu. Aday, marka, ürün yönetimi ve işletme konularındaki sorulara cevap verirken oturduğu koltuktan öne eğiliyor, yüzü, elleri ve kollarıyla ifadesini destekleyen jestler kullanıyordu. Ancak adayın o güne kadar çalışmadığı tekstil alanıyla ilgili sorular sorulmaya başlayınca, aday koltuğa yaslanıyor, kendisini geri çekiyor ve kollarını kavuşturuyordu.

***Resim 74** ve 75 : Kol kavuşturma engeli.*

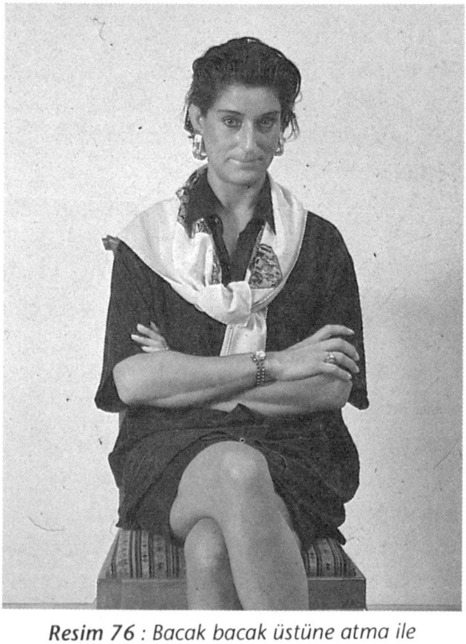

***Resim 76** : Bacak bacak üstüne atma ile pekişmiş kol kavuşturma engeli.*

Birçok kimse kollarını alışkanlıktan kavuşturduklarını veya kendilerini böyle daha rahat hissettiklerini söylerler. Bu noktada yine psikolojinin altın kuralını hatırlamakta yarar vardır. Dışlaşan davranış insanın iç dünyasına yansır ve insan nasıl davranıyorsa, kendisini öyle hisseder.

Bir Araştırma

Yapılan bir araştırma konuya açıklık ve derinlik getirmektedir. Orta eğitimin bir sınıfındaki öğrencilere belirli bir dersi izlerken her zamanki gibi rahat ve gevşek oturmaları, kollarını kavuşturmayıp, ayak ayak üstüne atmamaları söylenmiş; bir başka sınıftaki öğrencilere de aynı dersi izlerken kollarını kavuşturmaları ve ayak ayak üstüne atmaları talimatı verilmiştir.

Araştırma sonuçlarına göre, kollarını kavuşturan grubun öğrenme ve hatırlama miktarının % 38 daha düşük olduğu, öğretmene ve öğretilen konuya karşı çok daha fazla eleştirici oldukları görülmüştür.

Bu araştırmanın ortaya koyduğu bir başka bulgu da, kollarını kavuşturan bir dinleyicinin, konuşmacıya karşı sadece olumsuz bir duygu içinde olmakla kalmayıp, söylenenlere de daha az dikkat ettiğidir.

Kollarını alışkanlıktan veya rahat ettikleri için kavuşturduklarını söyleyenler, gerçekte korunmaya yönelik ve savunucu bir duyguya sahip oldukları için kendilerini iyi hissetmektedirler.

Ayrıca iletişim "kişiye" değil, "kişiyle" yapılan bir etkinlik olduğu için, bizim niyetimizin değil, dinleyicide uyanan izlenimin daha büyük değer taşıdığı unutulmamalıdır. Dinleyicilerin bu duruşu, "olumsuz bir tavır" olarak algıladıkları araştırmalarla ortaya konmuştur.

İnsan dinlediği ile aynı fikirde değilse kollarını kavuşturur. Bu, çok sayıda dinleyicinin bulunduğu konferanslar için geçerli olduğu gibi yüz yüze kurulan ikili ilişkiler için de geçerlidir. İnsan diliyle çok kolay, bedeniyle çok zor yalan söyler. Bu sebeple karşınızdaki kişi veya kişilerin kolları kavuşmuş durumdaysa, bunu açmak için bir şeyler yapmanız gerekmektedir. Bu amaçla kişinin eline bir şey vermek, soru sormak, görüşünü açıklamasına imkân sağlamak yararlı olur.

Unutmamak gerekir ki, savunucu ve olumsuz davranış devam ettikçe, olumsuz tavır da devam eder. *Ayrıca olumsuz tavır, olumsuz jesti daha da güçlendirir.*

İnsanlar kollarını çoğunlukla istenmeyen bir durumdan kaçınmak ve kendilerini korumak için kavuştururlar. Bu davranış en sık insanın kendisini yabancıların arasında güvensiz hissettiği asansörlerde, cafe'lerde, kuyruklarda, parti veya geniş sosyal toplantılarda görülür.

Resim 77 *: Yarım kapanma.*

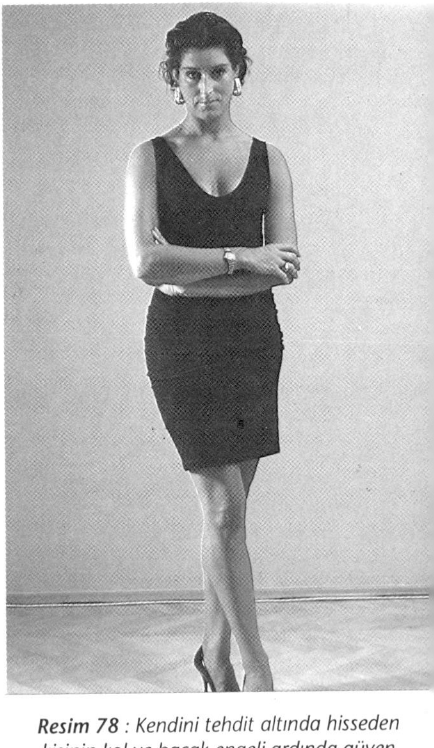

Resim 78 *: Kendini tehdit altında hisseden kişinin kol ve bacak engeli ardında güven arayışı.*

Kolların kavuşturulmasından daha olumsuz bir jest, yumrukların sıkılarak veya pazuların sıkı kavranarak kolların kavuşturulmasıdır.

Bu jestler sadece kişinin durumdan hoşnutsuzluğunu göstermekle kalmaz, aynı zamanda artmış olan iç gerginliğin saldırganlığa dönüşmeye hazır olduğunu haber verir. Bu jestleri sözlü veya kişinin sosyal statüsü elveriyorsa, bedensel bir saldırganlığın izlemesi doğaldır. Bu durumdaki kişi, kullandığı jestle vereceği tepkinin uygunluğundan emin olmadığı için, kendisini kontrol etmek ve tepkisini engellemek için çaba harcamaktadır.

GİZLİ (ÖRTÜK) KOL KAVUŞTURMA ENGELLERİ

İnsanlar bazen, yabancılarla çevrili oldukları bir kokteyl partide kollarını tam olarak kavuşturmak yerine, bir kollarını sarkıtıp, diğer kollarıyla bedenlerini kapatabilirler (Resim 77).

Bu gibi durumlarda rahatsızlık arttığı takdirde, bacaklarla yeni bir engel daha oluşturulur. Böylece kişi kendini tehdit altında hissettiği dış dünyaya karşı savunmuş olur (Resim 78). İnsanlarla çevrili ve ayakta durulan bir ortamda ortaya çıkan bu jest de kişinin durumla ilgili rahatsızlığının ve kendini tehdit altında hissetmesinin bir ifadesi olarak yorumlanır.

Çok sık görülen bir başka örtük savunma davranışı elleri önde kavuşturmaktır. Böylece kişi kendi sınırlarını daraltır. Bir topluluk önünde konuşanlarda, bir ödüle layık görülenlerde ortaya çıkabilen bu jest, karşıdaki kişi veya kişilere gösterilen bir saygının da ifadesidir (Resim 79). Desmond Morris'e göre bu jest, korku veren bir durumda çocuğun elinin annesi tarafından tutulması sırasında duyulan rahatlığın yaşanmasına imkân sağlar.

Örtük kol kavuşturma engelleri çoğunlukla sık sık topluluk karşısında bulunmak zorunda olan politikacılar, satıcılar, televizyon sunucuları gibi kimselerde görülür. Bunun, sık sık topluluk önüne çıkan bu kimselerin güvensizlik ve iç gerginliklerini saklamaya dönük bir tavır olduğu saptanmıştır.

Öte yandan saatini veya kol düğmesini tutarak oluşturduğu engel, kişinin kendisini güvende hissetmesine yardımcı olur (Resim 80).

Kadınlar ellerinde çanta taşıdıkları için bu jesti çok daha az dikkat çekerek yaparlar. Bu jestlerin güvensizlik, sinirlilik ve iç gerginliğin işareti olarak yorumlanmalarının sebebi, *gerçek bir amaca yönelik olmamalarıdır.*

Benzer şekilde bir parti veya sosyal toplantıda içki bardağının iki elle tutulması da, oluşturulmak istenen güvenlik engelinin bir işaretidir.

Kokteyl partiler insanlarda gerginlik yaratan toplantılardır. Özellikle toplantının başlangıcı ev sahipleri için de, misafirler için de rahatsızlığın en yoğun olduğu bir zamandır. Bu sebeple insanlar iç gerginliklerini hafifletmek için ço-

***Resim 79** : Sınırlarını daraltmış saygılı bir davranış.*

***Resim 80** : Aksesuarları güven aracı olarak kullanma.*

ğunlukla farkında olmadıkları birçok hareket yaparlar. Kadınların saçlarını; erkeklerin bıyık (ve varsa sakallarını) düzeltmeleri, kıyafetlerine çeki düzen vermeleri, elbiselerinin üzerinden hayali iplik toplamaları, ellerini ovuşturmaları bu hareketlerin başlıcalarıdır.

Kokteyl partilerde iç gerginliği ortadan kaldıracak en önemli araç içecek ve yiyeceklerdir. İçecek ve yiyecekler insanları meşgul ederek, ellerini doldurarak gerginliği hafifletmek için çok önemli bir rol oynarlar. *Bir kokteyl partiye katılan kişi harareti olmadığı halde içer, karnı aç olmadığı halde yer.* Böylece tehdit edici bir ortamda ellerini kullanarak ve hareket ederek iç gerginliğini hafifletme imkânı bulur.

Diğer Saklanma Davranışları

Bir kokteyl partide harareti olmadığı halde içmek, karnı aç olmadığı halde yemek gibi, doğrudan bir amaca hizmet etmeyen davranışların üzerinde durmak değerli bilgiler verir. Buna güneş gözlüğü, çanta gibi objelerin kullanılışları da dahildir. Güneş gözlüğü, gözleri güneşten korumak; çanta veya dosya, çeşitli eşya ve belgeleri taşımak amacıyla kullanılır. Kapalı bir mekânda güneş gözlüğü ile oturmak kişinin kendisini ve duygularını gizleme yönünde bir davranış olarak değerlendirilir.

Hiç kimse gözlerini görmediği bir insanla olumlu bir ilişki kuramaz ve hele bu insanla yeni tanışıyorsa, sıcak bir duygu besleyemez. Bu sebeple güneşli bir ortamda bile olsa, biriyle konuşurken gözlüğü çıkartmakta yarar vardır. Ancak plaj ve deniz üzerinde yolculuk gibi durumlar, bu konuda istisna olarak değerlendirilebilir.

Benzer şekilde çanta veya dosyayı göğsünün üzerinde tutmak, kişinin güvensizliği ve iç gerginliğinin işaretidir. Kişi böylece kendisini dünyaya karşı bir zırhla kapatmış olur.

Bu jeste kadınlarda daha sık rastlanır. Kadınlar özellikle çantalarını bir koruyucu olarak kullanırlar. Çanta, dosya veya bir başka objeye böylesine sarılma, kişinin kendisine dayanak aramak ihtiyacından kaynaklanır. İnsan kendisinin, fikirlerinin veya duygularının kabul göreceğinden şüpheye düşerse, ihtiyaç duyduğu dayanağı bu tür objelerde arar (Resim 81).

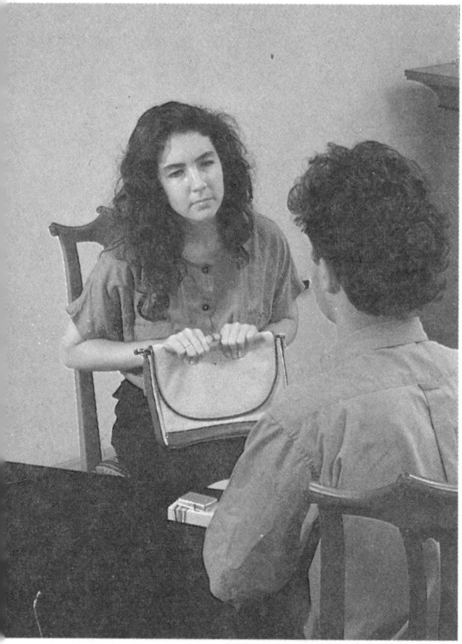

***Resim 81** : Çantanın bir korunma aracı olarak kullanılması.*

***Resim 82** : Bu bölümü okuduktan sonra bu resimdeki iletişim engellerinin kaç tane olduğuna siz karar verin.*

Kişinin oturduğu koltuğun kolları da, çevreye fazla ipucu vermeden kişiye dayanak görevi yapabilir. Karşısındaki kişi tarafından duygu veya fikir düzeyinde zorlanan insan, ihtiyaç duyduğu desteği oturduğu koltuğun kollarında arayabilir (Bakınız s. 100, Resim 90). Bu davranış, çocuğun babasının bacaklarına sarılarak güven duygusunu yaşamasının ve endişesini azaltmasının yetişkin hayattaki karşılığı olarak değerlendirilir. Böyle gergin bir oturuşla rahat bir oturuş arasındaki fark, kişinin bedeninin üst kısmını kullanma biçiminde gizlidir. Kendini baskı altında hisseden kişi başını ve göğsünü geri çekerek oturur ve omuzları hafif kalkıktır. Oysa rahat bir oturuş sırasında omuzlar serbest, baş ve göğüs hafif öne eğiktir.

İnsanların duygularının anlaşılmasını zorlaştıran doğal engellerden biri de sakaldır. İnsanın yüzündeki yaklaşık 20 çift kas gurubunun her birinin tek bir hareketi ve bu kasların birlikte hareketleri, onun zengin iç dünyasındaki değişiklikleri dış dünyaya yansıtır. Dış dünyaya yansıyan bu bilgiler çevredeki insanlar tarafından algılanır ve karşılıklı bir etkileşim doğar.

Sakal karşılıklı bir etkileşimi kaçınılmaz olarak sınırlayan doğal bir engeldir. Özellikle yüzlerinin bütününü sakal arkasına gizleyen insanların dış dünyayla etkileşimleri — seçimleri bu olduğu için bir yönü ile— azalmış olur (Resim 82). Bir başka açıdan sakalın dikkat çekiciliği ve toplumda nispeten az rastlanması başlangıç için bir ilgi ve iletişim aracı olarak görülebilir. Kısaca ifade etmek gerekirse sakal ilgi çekmek, farklı olmak ve duyguları gizlemek için iyi bir araçtır.

Bacakların Kullanılışı ve Oturma Düzenleri

BACAK BACAK ÜSTÜNE ATMAK

Bacak bacak üstüne atma biçimi çok sayıda anlam taşır ve kişinin iç dünyasıyla ilgili çok değerli ipuçları yansıtır. Ayrıca bacak bacak üstüne atmak, kalça ve bacak kaslarına değişik hareketler sağladığı için uzun süre yorulmadan oturmaya imkân verir. Bu yönüyle de bacak bacak üstüne atmak amaçlı bir harekettir.

Keşfedilmiş Bir Davranış

İnsanlar, ağlamak gibi bazı davranışlarıyla birlikte doğarlar. Bu davranışlar sosyal çevre tarafından büyük ölçüde yönlendirilir. Çocukluktaki sesli ağlama yetişkinlikte yerini sessiz gözyaşlarına veya bastırılmış hıçkırıklara terk eder.

İnsanlar ağlamak gibi doğuştan getirdikleri davranışların yanı sıra bacak bacak üstüne atmak gibi bazı davranışları da keşfederek sonradan kazanırlar. Keşfedilen (ikincil) davranışlar da farkında olmadan sosyal modaların izinden giderek büyük ölçüde değişikliklere uğrarlar. Bacak bacak üstüne atmak modanın değiştirdiği keşfedilmiş davranışlardan biridir. Çocuk bacak bacak üstüne atarak oturmanın hoşuna giden rahat bir beden duruşu sağladığını düşünür. Kısa bir süre sonra çocuğun içinde yaşadığı çevrenin yazılı olmayan kuralları bu oturma biçimini köklü bir şekilde etkiler. Çocuklar büyüdükçe, hiçbir şekilde farkına varmadan, içinde bulundukları yaş grubu, sosyal sınıf ve aynı cinsiyetten olan arkadaşları gibi bacak bacak üstüne atmaya başlarlar.

Geçen yüzyılda İngiltere'de (Victoria Döneminde) iyi yetişmiş bir genç kız ve kadın hiçbir şekilde bacak bacak üstüne atmazdı. Bugün de bu eğitimin izlerini Kraliyet ailesinde görmek mümkündür. Kraliçe Elizabeth bacak bacak üstüne atmak yerine, ancak ayaklarını bileklerinden kavuşturur.

Yirminci yüzyılın ikinci yarısında sosyal davranışlarda meydana gelen büyük değişiklikler karşısında, kadınların bacak bacak üstüne atmalarını ayıplamak mümkün değildir. Ancak yine de bacak bacak üstüne attığı zaman oluşturacağı görüntü birçok kadın için kaygı kaynağıdır. Dizleri hizasında veya daha kısa etek giyen bazı kadınlar sürekli eteklerini çekiştirerek bu kaygıyı dışarıya yansıtırlar.

Bir topluluk içinde bacak bacak üstüne atarak bacaklarını ortaya koyan bir kadının tutumu, çevredeki erkekler tarafından "davet edici" olarak yorumlanabilir. Bu sebeple kadınların bacak bacak üstüne atma davranışlarına özen göstermeleri, geçen yüzyıldan kalan bir sosyal kuralın oldukça zayıflamış bir biçimde devam etmesidir.

Kolların kavuşturulması arkaik olarak nasıl kalbi korumak amacını taşıyorsa, bacakların kavuşturulması da cinsel organların korunması amacına yöneliktir.

Bacak bacak üstüne atma davranışı, kavuşturulmuş kollar kadar olumsuz duyguları yansıtan bir özellik taşımaz. Ancak bu davranışın da dikkatle değerlendirilmesi özellikle üçlü ve dörtlü ilişkilerde büyük önem taşır.

Bacak bacak üstüne atmak olumsuz ve savunucu bir tutumun ve artmış olan iç gerginliğin işareti olabileceği gibi, karşılıklı ilişkideki incelik ve zerafeti de yansıtabilir.

Alışılmış Durum

Bu jest Batı kültürünün etkisi altında kalarak yetişen insanların geleneksel oturma biçimi olarak da tanımlanabilir. Bu oturma biçimini tek başına olumsuz bir işaret olarak değerlendirmek hatalı olur. Çünkü uzun süre bir toplantıyı izlemek veya ders dinlemek gibi sebeplerle çok rahat olmayan bir sandalyede oturmak zorunda kalanlar da zaman zaman bu oturma biçimlerini kullanırlar (Resim 83-84).

Bu oturma biçimine kolların kavuşturulması eklendiği takdirde, kişinin hoşnutsuzluğunun bir ifadesi olarak değerlendirilir. Bu durumda oturan birine, özellikle "evet" veya "hayır" diye cevaplandırabileceği sorular sormamak daha yerinde olur. Çünkü bu şekilde oturan kişiden olumsuz cevap alma ihtimali çok yüksektir.

Bu oturuş biçimine bir topluluk içinde eşlerinden veya erkek arkadaşlarından memnun olmayan kadınlarda, dinledikleri konferans veya seminerden memnun kalmayanlarda da rastlanır.

"Dört" Durumu

Bu şekilde bacak bacak üstüne atmak tartışmaya veya rekabete dönük bir durumun varlığının işaretidir ve kaynağını Amerikan kültüründen almaktadır (Resim 85).

Sadece bu oturma biçimine bakarak bir yorum yapmak zordur. Ancak bu oturma biçimi yukarıdaki ayağın bir veya iki el ile tutulması biçimindeyse, bu

Resim 83 : *Alışılmış bacak bacak üstüne atma biçimi.*

Resim 84 : *Amerikan stili, "4" şeklinde bacak bacak üstüne atma biçimi.*

Resim 85 : *Tartışmaya dönük oturma biçimi.*

Resim 86 : *Endişeli ve sıkıntılı oturma biçimi.*

şekilde oturan kişinin fikirlerini değiştirmeye niyeti olmayan katı ve inatçı bir insan olduğunu düşünmek hatalı olmaz.

AYAKLARI KAVUŞTURMAK

Kolları kavuşturmak için geçerli olan özellikler büyük ölçüde ayakları kavuşturmak için de geçerlidir.

Resim 86'da görüldüğü gibi ayakları kavuşturmak daha çok erkeklerde rastlanan bir oturma biçimidir. Eğer bu oturma biçimine oturulan sandalyenin kollarına veya kendi dizlerimize sıkı sıkı sarılmak eşlik ediyorsa olumsuz duygu, düşünce ve tavırlarımızın, korku veya endişelerimizin gizlenmeye çalışıldığını düşünmek yerinde olur.

Ayakların bu hareketinin kadınlarda değerlendirilmesinde çok dikkatli olmak gerekir. Çünkü kadınların ayak kavuşturmaları eteklerinin kısa olmasından kaynaklanabilir ve yukarda erkekler için sıralanan anlamları taşımayabilir.

Ancak sadece kadınlara özgü ve resimdeki anlamlara yakın bir ayak jesti vardır. Otururken veya ayakta ayağın üst tarafının bacağın arka yüzüne temas ettirilmesi kadının kendisini bulunduğu ortamda yetersiz hissettiğinin işareti olabilir. Bu davranış daha çok utangaç, çekingen ve olgunlaşmamış kadınlarda

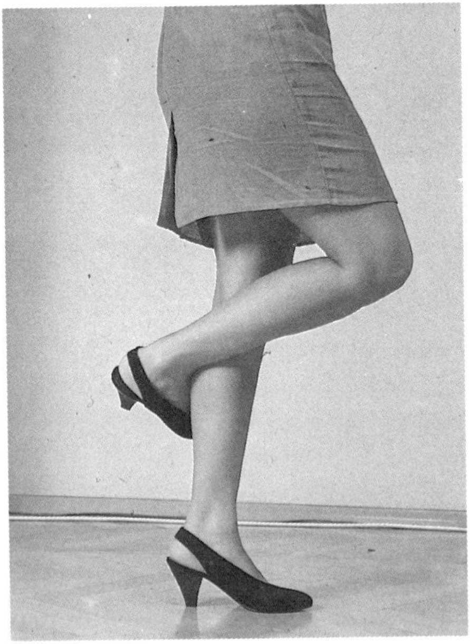

Resim 87 *: Utangaç ve çekingen bir jest.*

görülür. Unutmamak gerekir ki, bir amaca hizmet etmeyen kişinin kendi bedenine olan teması, artmış olan iç gerginliğin işaretidir. Bu jesti, kadının cinsel kimliğinden duyduğu memnuniyetsizliğin ifadesi olarak da yorumlayanlar vardır (Resim 87).

Bacak bacak üstüne atma veya ayak kavuşturma kişilerin iç dünyalarında yaşadıkları gerginlikten kaynaklanıyor; olumsuz duygu ve düşüncelerin korku ve endişelerin ortaya çıkmasını engellemek için kulanılıyorsa, bunları önlemek önemli ölçüde mümkündür. Gerginlik ve huzursuzluk bedenimize yansıdığına göre bu duygu ve düşüncemize yol açan konuya bilinçli bir biçimde yönelmemizde yarar vardır. *Bedenimizin dilini tanımamız, zihnimize ve duygumuza önem vermemize ve onunla ilgilenmemize yardımcı olur.*

Eğer karşımızdaki kişi bu özelliklere dönük bir beden diline sahipse o kişiyi rahatlatacak yaklaşımlar yapılabilir. İnsanlarla iyi ilişki içinde olmanın temel kuralı, onlara önem verildiğini hissettirmektir. Kişiye adıyla hitap etmek, yumuşak ve sıcak bir sesle konuşmak, dostça davranmak, kişisel ve açık uçlu sorular sormak, anlattıklarına ilgi gösterip aynı konuda yeni sorular sormak, savunucu jestler içinde olan kişiyi rahatlatır kendisini güvende hissetmesini ve açılmasını sağlar.

OTURMA BİÇİMLERİ

İnsanın oturma biçimi, kişilik özellikleri ve iç dünyasıyla ilgili olarak önemli bilgiler taşır. Oturma biçimini doğru olarak değerlendirebilmek için bu bilgileri dört açıdan incelemek gerekir. Bunlar sandalye veya koltuk üzerinde kapladığımız alan, beden duruşumuz (postür), bacaklarımızın kullanılış biçimi ve oturmak için seçtiğimiz yerdir.

KAPLANAN ALAN

Bazı insanlar arkalarına yaslanır, oturdukları alanın bütününü kaplarlar ve durumdan memnun oldukları ve bulundukları yerden uzun süre kalkmayacakları izlenimini verirler. Buna karşılık bazı kimseler ise bulundukları sandalye veya koltuğun ucuna ilişirler, bütün ağırlıklarını bacaklarına verirler ve âdeta diken üzerinde otururlar.

Koltuğun ucuna oturmak, kalkıp gitmeye hazır olmak ya da misafire veya önem verilen birine hizmete hazır olmak gibi insanın yerinde durmaya istekli olmadığını gösterir. Böyle bir hareket isteği iç gerginliğin bir yansımasıdır.

Kadınların koltuğun biraz ucuna oturmalarındaki inceliğe dikkat etmek gerekir. Çünkü bazı kadınlar biraz uca oturup, ayaklarını paralel bir şekilde yana

Resim 88 *: Ağırlığın ayaklar üzerinde toplanmadığı estetik bir oturuş.*

uzatarak veya bacak bacak üstüne atarak, bacaklarının daha uzun görünmesini sağlarlar. Bu erotik bir sinyal olduğu gibi, kadına estetik bir görünüm de kazandırır (Resim 88).

Bu oturuş biçiminde ağırlık ayaklar üzerinde toplanmadığı için, bunu "kalkmaya hazır olmak" biçimindeki oturuştan kolayca ayırmak mümkündür. Ayrıca kadının bu oturuşu, ayaklar beden dengesine destek sağlamadığı için, vücudun üst kısmının dik tutulmasını zorunlu kılar. Bu da bedenini ve boynunu dik tutan çekici bir kadın görüntüsünün ortaya çıkmasına yardım eder. Reklamcıların kadın modellerini bu durumda görüntülemelerinin sebebi budur.

Sandalyelerin bir ucuna âdeta bir başkasına yer bırakacakmışçasına oturanlar, haklarından vazgeçmeye ve geri çekilmeye hazır insanlardır. Bu insanların havayı bile daha az soluduklarını, böylece başkalarına daha çok oksijen bıraktıklarını düşünmek mümkündür. Bu kimseler varlık sebeplerini başkalarına hizmet etmekte görürler kendilerine dönük eleştirileri çok fazladır ve çeşitli sebeplerle sık sık suçluluk duygusu yaşarlar.

Buldukları koltuğa kendilerini bütünüyle bırakanların belki o an için çok yorgun olduklarını düşünmek mümkün olabilir. Ancak bu kimseler büyük çoğunlukla iç dünyalarında rotalarını bulamamış, bu sebeple hareket etmekten kaçınan ve hareket etmeyi yük gibi gören kimselerdir.

Oturulacak boş yer olduğu halde, bir koltuğun koluna oturanlar kendilerine fazlasıyla güven duyan kimselerdir. Bu kimseler çevrelerindekilere kendi görüşlerini kabul ettirme eğilimindedirler ve çoğunlukla etrafındakilere üstünlük sağlamak isterler.

BEDEN DURUŞU (POSTÜR)

Ayakta duruş şeklinde olduğu gibi, bir insanın oturma biçimi sırasında bedeninin üst (belden yukarı) bölümünü kullanma biçimi, onun iç dünyası konusunda fikir verir. Dik bir oturuş, dik bir duruşta olduğu gibi, canlılık ve hayat enerjisi ifadesidir. Buna karşılık çökük bir oturuş çekingenliği ve kişinin azalmış hayat enerjisini gösterir.

Bedenin yandaki kişiye eğilmesi tahmin edilebileceği gibi o kişiye duyulan bir ilginin işaretidir. Yanındaki veya karşısındaki kişiden aksi yöne eğilmek ise duygusal veya zihinsel olarak uzaklaşmayı ortaya koyar.

İlginç olan zaman zaman sözler ile davranışların çelişmesidir. "Evet" diyen biri bazen geri çekilebilir. Böylece âdeta kendi kelimelerinden de uzaklaşmış olur. Unutmamak gerekir ki; gerçeği yansıtan bedenin verdiği işarettir.

Televizyon programlarında özellikle açık oturumlarda veya politikacıların katıldıkları sohbet toplantılarında bu tür çelişkilere sık sık rastlamak mümkündür. Bundan böyle bu programları yukarıdaki bilgilerin ışığı altında izlerseniz daha çok eğleneceğinizden emin olabilirsiniz. Bunları eğlendirici mi yoksa düşündürücü mü bulacağımız ise bir başka konudur.

Bacak ve Ayakların Kullanılışı

Oturma sırasında ayaklar ve bacaklar yük altında olmadıkları için doğrudan herhangi bir görevleri yoktur. Bu sebeple oturan bir insanın ayak ve bacaklarının kullanılış biçimi birçok anlam taşır.

Bacaklar diz kapağından kırılarak geri çekilir ve ayaklar sandalyenin altında tutulursa, bu kişinin bulunduğu ortamdan çok hoşnut olmadığını; söylenmesi gereken bazı şeyleri henüz söyleyemediğini veya söylemek istemediğini gösterir. Böyle oturan bir insanın iç gerginliği yüksektir ve kendini güvende hissetmediği için, bedenini mümkün olduğu kadar toplamakta ve geri çekmektedir.

Ayağın sandalyenin kenarına takılarak veya bazen dolanarak oturulması daha yüksek bir iç gerginliğin yansımasıdır. Çoğunlukla bu durumda olan kişiler, görüşlerini değiştirmek istemeyen, kendilerini sıkışmış hisseden insanlardır. Bu sebeple sandalyeye dolanan ayakları kendilerine dayanak olur (Resim 89).

***Resim 89** : Kendini sıkışmış hisseden, görüşlerini değiştirmek istemeyen ve sandalyenin ayaklarından destek alan bir insanın oturuş biçimi.*

***Resim 90** : Tehdit altındaki kişinin gerileyerek sınırlarını daraltması.*

Resim 91 *: İç gerginliğin daha fazla arttığı durumda gözlenen oturma biçimi.*

Resim 92 *: Kendine fazlasıyla güvenen, sınırlarını genişleten, saldırgan bir oturma biçimi.*

Karşısındaki tarafından tehdit edilen kişi kendisini korumak amacıyla geriler ve sınırlarını daraltır. Gerileme davranışı kendisini hem bedenin bütününde, hem de ayaklarda ortaya koyar. Kişi ayaklarını oturduğu sandalyenin altına çeker (Resim 90).

Bu görüntüye ilişkileri gergin olan sevgililerde ve gazete röportajlarında röportajcı tarafından sıkıştırılanlarda rastlanır.

Ayakları birbirine dolayarak oturmak da aynı yönde yorumlanabilecek yüksek gerginliği ve hareketsizliği gösteren bir oturma biçimidir (Resim 91).

Ayakların sandalyeden ileri uzatılması, bacakları açarak oturma kişinin kendisine olan güveninin, durumundan memnuniyetinin ve saklayacak bir şeyi olmadığının işaretidir.

Ancak ayakların çok fazla ileri uzatılması ve kimi zaman öndeki sandalyeye veya tabure altlığına yaslanması kişinin kendi alanının sınırlarını genişletme, çevreye yayılma istediğini yansıtır ve saldırganca bir davranış olarak yorumlanır (Resim 92).

Bulunduğu yerden memnun olmayan ve orayı terk etmeye hazırlanan birisi oturduğu yerde bunu ayak hareketleri ile ortaya koyar. Ayak tabanının yer-

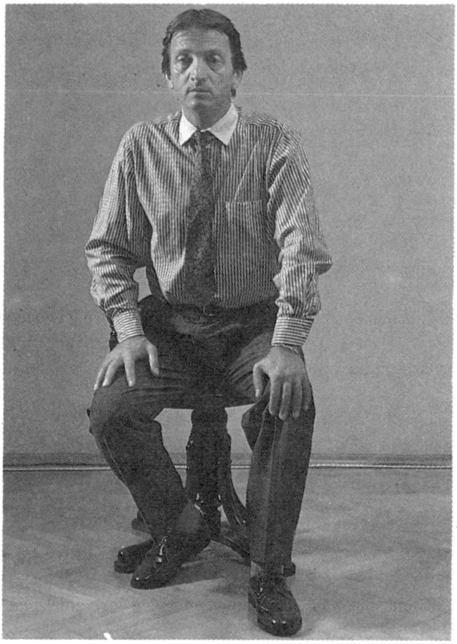

***Resim 93** : Kalkmaya veya soru sormaya hazır oturma biçimi.*

den herhangi bir şekilde kesilmesi kişinin durumunda bir değişiklik yapmak istediğinin işaretidir (Resim 93).

Herhangi bir tanıtma veya topluluk önünde yapılan konuşma sonrasında, dinleyicinin bu durumu alması olumlu bir işarettir. Özellikle bu oturma biçimi, çene tutmak şeklindeki karar jestinden sonra geliyorsa yapılan konuşmanın amacına ulaştığı söylenebilir.

Kişinin bir ayağı önde ellerini dizlerine koyarak doğrulması bir konuşmayı, sohbeti veya beraberliği bitirme işaretidir. Benzer şekilde, bir ayağı önde, elleri sandalyenin veya koltuğun kenarında olan bir kişinin de bulunduğu duruma son vermek istediğini bilmek gerekir.

Eğer bu durum bir konferans veya tanıtım sırasında yaşanıyorsa kendinizi sözünüzü tamamlamış hissediyor bile olsanız, karşınızdaki kişinin söze katılmasını sağlayın. Katkıda bulunmak istediği veya sizinle aynı fikirde olmadığı noktaları açıklamasına imkân verin.

En son anlatılan üç beden duruşunun ifade ettiği anlama duyarlı olmak ve sözlü bir karşı çıkışla karşılaşmadan gereken yönde adım atmak, kontrolün sizin elinizde kalmasını sağlar.

SEÇİLEN YER

Bir odaya girdiğimiz zaman seçtiğimiz yer kendimize olan güvenimiz ve o mekân içinde bulunanlar arasında kendimizi nerede gördüğümüz konusunda fikir verir.

Yapılan araştırmalar, *odaya girdiklerinde kapıya yakın koltuk veya sandalyeye oturanların özgüvenleri düşük kimseler olduğunu ortaya koymuştur.* Kapıya yakın bir koltuğa oturmak aynı zamanda kişinin kendisini diğer kişilerden daha az değerli ve önemli gördüğünün işaretidir. Bu kişilerin oturma biçimleri incelendiğinde de, çoğunlukla sandalye veya koltuğun ucuna oturmak, kalkmaya hazır olmak gibi durumdan rahatsızlığın ve düşük özgüvenin diğer belirtileri de bulunmuştur.

Buna karşılık *girdikleri odada ev sahibine veya merkeze yakın yer seçenlerin özgüvenleri yüksek ve kendilerinden hoşnut kimseler oldukları* ve bu kimselerin aynı zamanda koltuklarını ve sandalyelerini dolduracak biçimde oturdukları görülmüştür.

İnsanların oturmak için seçtikleri yerler, amaçları açısından daima en elverişli yerler olmayabilir. Örneğin; yıllardır büyük ilgi gören "Ana-Baba Okulu"nda sıralar daima arkadan öne doğru dolar. Oysa kişilerin böylesine gönüllü olarak katıldıkları bir toplulukta dinleyicilerin konuşmacıyı en iyi duyup, onunla en iyi iletişim kurabileceği ön sıraları tercih etmesi beklenir.

Ön sıralarda, özellikle en ön sırada, insanlar kendilerini savunmasız ve çıplak hissetmektedirler. İnsanın önündeki koltuk ve diğer dinleyiciler doğal bir korunma yaratır ve güven duygusu verir. Bu sebeple de boş bir salonda dinleyiciler orta sıralardan başlayarak salonu doldururlar.

Benzer şekilde bar, cafe ve benzeri eğlence yerlerine insanlar arkadaş olabilecekleri, ilişki kurup konuşabilecekleri birilerini bulmak için gelirler. Buralara gelenler büyük çoğunlukla ya sırtlarını bir köşeye dayayarak veya diğer insanları gözleyebilecekleri bir kenara otururlar. Oysa bu yerler kişinin görülmek istediği diğer insanlar tarafından kolayca fark edilebileceği yerler değildir.

Böyle bir eğlence yerine arkadaş bulmak amacıyla gelenler için uygun olan, merkeze yakın bir yerde oturmak, sırtını topluluğa dönmemek ve insanların çoğunluğunun bulunduğu yere yan olarak oturmaktır. Böylece hem insanları ve çevrede olup bitenleri görmek, hem de diğer insanlarla doğrudan yüz yüze ve göz göze gelmenin doğuracağı rahatsızlıktan kaçınmak mümkün olur.

OTURMA DÜZENİ

Oturmak için seçilen yer ve oturan kişiler arasındaki mesafe sözsüz bilgilerle dolu olan çok değerli işaretler verir. Hemen herkes bir restorana girdiği zaman sırtını duvara verebileceği bir masaya oturmak ister. Ortalarda bir masaya oturmak zorunda kalan bazı kişilerin restoranı terk ettikleri çok görülür. Bunun sebebi, insanın mağara devrinde yaşayan atalarından aldığı mirastır. Kendini güven altına alma ihtiyacı, savunmasız olan sırtını tehlikeye dönmeyerek, ortaya çıkar.

Yapılan araştırmalar, *restoran, bar, cafe gibi yerlerde sırtını hareket eden bir topluluğa dönerek oturanların solunumlarının sıklaştığını, kalp vurum sayılarının arttığını, kan basınçlarının yükseldiğini ortaya koymuştur.* Eğer kişinin arkasında sokak veya bahçeye açılan cam veya kapı varsa, kişinin duyduğu rahatsızlık ve gerginlik artmaktadır.

Bu durum tıpkı gürültülü bir yerde uyuyan insanın durumuna benzemektedir. Kişi uyuduğu için gürültüyü algılamadığını söylese bile, otonom (irade dışı ve kendi kendine çalışan) sinir sistemi ile gürültüye tepki vermektedir. Bunun sonucu olarak da uykusu derinleşemediği için saat olarak yeterli miktarda uyusa bile, yorgun uyanmaktadır. Benzer şekilde masada sırtı kapı, cam veya hareket eden bir topluluğa dönük oturan kişi de sebebini bilmediği bir gerginlik yaşamaktadır.

Bu bilginin, önemli kararların verileceği yemekli toplantılar sırasında büyük bir değeri vardır. Böyle yemekli bir toplantının düzenlenmesi durumunda, ev sahibinin masanın konumu ve konukların oturma düzeni konusuyla verilen bilgiler doğrultusunda ilgilenmesi, işi rastlantıya veya şef garsonun kontrolüne bırakmaması yerinde olur.

Karşı Karşıya Oturmak

Karşı karşıya oturmak genellikle rekabeti ifade eder. İster bir fikir çerçevesinde, ister bir iş ilişkisinde olsun, karşı karşıya oturmak, tıpkı bir satranç maçında ya da iskambil oyununda olduğu gibi masadan bir galip bir de mağlup çıkacağını düşündürür.

İletişim insanlara karşı yapılan bir eylem değil, insanlarla birlikte yürütülen bir eylemdir. Esas olan, bizim söylemek istediklerimiz ve niyetimiz değil, bunun karşımızdakiler tarafından nasıl algılandığıdır. Bu sebeple karşılıklı oturmanın insanlarla uzlaşmayı zorlaştıran özelliğini her zaman akılda tutmak gerekir. Özellikle ziyaretlerini satış amacıyla yapanların, görüştükleri kişinin karşısına oturmalarının hatalı olduğu anlaşılmıştır.

Muhatabını masasının karşısına oturtmak amirce bir tavırdır. Eğer verilecek bir emir, yapılacak bir uyarı varsa, bu oturma biçimi uyarı veya emrin şiddetini artırır. Çağdaş bir yöneticinin, iletişim için geçerli olan ilkenin, yönetim için de geçerli olduğunu unutmamasında yarar vardır. *"Yönetim insanlara rağmen olmaz, insanlarla birlikte olur".*

90° lik Açıyla Oturmak

İşbirliğini sağlamak amacıyla kurulan bir ilişki içinde uygun olan, oturan kişiler arasında 90° lik bir açı oluşturacak biçimde yanlamasına oturmaktır. Böylece kişinin karşısındakini, çıkarları kendisiyle çelişen biri olarak değil, bir problemi birlikte çözecek kişi olarak algılaması mümkün olur.

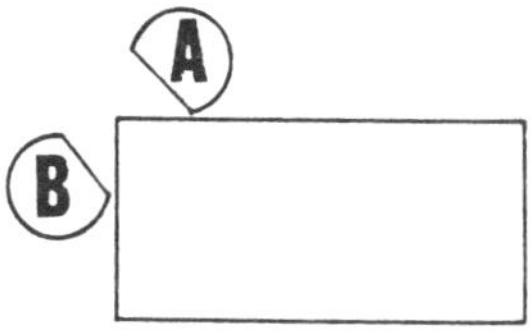

Şekil 7 : Rekabeti ortadan kaldıran ve işbirliğini artıran oturma düzeni.

Unutmamak gerekir ki, çevresine oturulan masa, insanların kendilerini güvende hissettikleri bir korunma duvarıdır. Bu sebeple karşımızdaki kişiyi duvarımızın neresine aldığımız önem taşır.

Yanlamasına oturma düzeni arkadaşça ve dostça ilişki kurmaya imkân verir. Bu şekilde oturanlar arasında hem göz teması kurma imkânı olur, hem de kişiler masanın koruyucu özelliğinden yararlanarak kendilerini rahat hissederler. Buna ek olarak 90° lik açıyla yanlamasına oturan kişiler fikir alışverişinde bulunabildikleri gibi kendi çizgilerini de koruyabilirler.

***Resim 94** : Merkezleri farklı yönde olmasına rağmen sağdaki kişinin işbirliğine dönük bir tavır sürdürme çabası.*

Bu oturma biçimi bazılarınca demokratik oturma düzeni olarak adlandırılır. İş görüşmeleri için de en uygun oturma düzeni budur. Bu sebeple uyum içinde olmak istediğiniz kişiyle göğüs açıklıklarınızın hayali olarak kesiştikleri bir üçgen oluşturacak biçimde oturmanız yerinde olur (Resim 94).

Böylece o kişinin, üzerinde büyük bir baskı hissetmeden kendi görüşlerini ortaya koymasına imkân sağlamış olursunuz. Böyle bir oturma biçimi konuşan kişiler arasında dostça ve rahat bir atmosferin doğmasına yardım eder. Çünkü bu oturma biçiminde duygular ve davranışlar açısından geniş bir hareket alanı vardır.

Konuşulan kişi üzerinde baskı uygulanmak istendiği zaman, sorularının sandalye doğrudan o kişiye döndürülüp, göğüslerin karşı karşıya gelmeleri sağlanarak sorulmasının, kontrol etmek isteyene yarar sağladığı bazı çalışmalarda gösterilmiştir.

Bu manevra özellikle astları sorgularken veya karşınızdaki kişinin sizden bir şeyler sakladığını düşündüğünüz durumlarda yararlı olabilir.

Yan Yana Oturmak

Bir arkadaşınıza işiyle veya çocuğunuza dersiyle ilgili yardım edeceğinizi düşünün. Nereye oturursunuz? Seçeceğiniz yer büyük bir ihtimalle onun yanındaki sandalye olacaktır.

Yan yana oturan ve hafif birbirlerine dönük olan iki kişi, büyük bir ihtimalle bir probleme karşı ortak bir yaklaşım içindedirler.

Benzer bir şekilde üç veya dört kişinin yan yana oturması, birbirlerine güven, dış dünyaya karşı ortak bir cephe oluşturmak anlamına gelir.

Bu oturma biçiminde kişilerin birbirlerine karşı oluşturdukları açılar ve birbirlerine olan yakınlıkları "Yön Belirleyiciler" bölümünde ele alınacaktır.

Yan yana oturmak işbirliğini ve olumlu duyguları en üst düzeye çıkarttığı için, muhatabını ikna etmek isteyen bir kişinin masanın etrafından dolanarak yanına geçmek istemesinin ona avantaj sağlayacağı düşünülebilir. Bunu yapmak için uygun bir sebep varsa, böyle bir yaklaşım gerçekten yararlı olabilir.

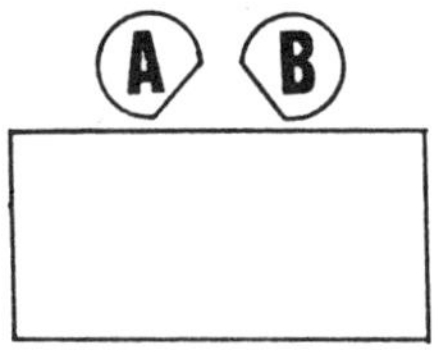

***Şekil 8** : İşbirliğini en üst düzeye çıkartan oturma düzeni.*

Örneğin, masada oturan kişinin incelediği belgeyle ilgili olarak ona bilgi vermek gibi bir sebep, böyle bir davranışın uygunsuz kaçmasını önler. Ancak masasının etrafından dolanarak oturan kişinin mahrem alanına girmenin her zaman riskli bir davranış olduğu unutulmamalıdır.

Yan yana oturarak işbirliği ve olumlu duygular yaratacak oturma düzeni anne-baba ve çocukları, öğretmen ile öğrencisi, amir ile astı arasında kolaylıkla gerçekleştirilebilir ve olumlu sonuçlar verir.

Ancak unutmamak gerekir ki, yaş veya statü olarak daha geride olan kişinin bu oturma biçimine doğrudan teşebbüs etmesi her zaman risk taşır.

Çapraz Oturmak

Bir restoranda veya kitaplıkta hiç boş masa yoksa tek kişinin oturduğu dikdörtgen bir masanın neresine oturursunuz? Büyük bir ihtimalle, Şekil 9'da görüldüğü gibi uzun kenarın diğer ucuna.

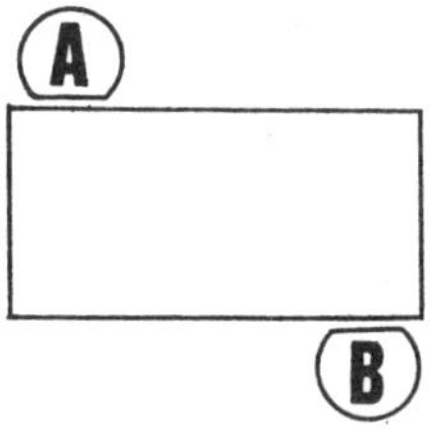

***Şekil 9** : İlişkiyi en alt düzeyde tutmayı amaçlayan oturma düzeni.*

İnsanlar ilgi duymadıkları ve ilişki kurmak istemedikleri kişilerle çapraz ve mümkün olduğu kadar uzak oturur ve böylece aynı zamanda göz teması imkânını da azaltmış olurlar. İlişki kurmak istemediği kişiyle göz göze gelmemek, insana yalnızlık duygusu verir. Bu durumda kişi kendi iç konuşmalarını sürdürebilir ve topluluk içinde olmasına rağmen oldukça bağımsız hareket etmesi ve kendisini yalnız hissetmesi mümkün olabilir.

MASANIN ÖNEMİ

Bir işyerinde masa otoriteyi temsil eder. Bu işyeri doktor muayenehanesi olabileceği gibi, resmi bir görevlinin odası da olabilir. Masa karşısında durmak veya oturmak insanlarda rahatsızlık yaratır. Bir doktor muayenehanesinde yapılan bir araştırma, doktorun masa arkasında oturması ile hastaların kendilerini rahat ve güvende hissetmeleri arasında bir ilişki olduğunu ortaya koymuştur. Araştırma sonuçlarına göre, *hastaların sadece % 10'u doktorun masa arkasında oturmasının kendilerini rahatlattığını söylemiştir.*

Resim 95 : Rekabeti düşündürmeyen karşı karşıya oturma biçimi.

Bazı durumlarda kişi karşısındakine üstünlüğünü hissettirmek isteyebilir. O takdirde amacına ulaşması açısından masanın arkasında oturarak araya bir mesafe koymak uygundur. Ancak birçok durumda istenen sonuçları elde etmek için insanlarla işbirliği içinde olmak gerekir. Bu sebeple de masanın bize sağladığı rahatlığın, karşımızdaki kişiyi bizden uzaklaştırabileceğini ve elverişli işbirliği ortamının oluşmasını zorlaştırabileceğini hatırlamak yararlı olur. Doktor muayenehanesinde yapılan araştırma bu sebeple konuya açıklık getirmektedir. Terapist veya danışman olarak görev yapan bazı psikologlar bu özelliği dikkate alarak, çalışma odalarını yeniden düzenlemektedirler.

Doğrudan rekabeti düşündürmeyen karşı karşıya oturma, birbirleriyle mümkün olduğu kadar çok göz teması kurmak isteyen iki sevgilinin oturuş biçimidir (Resim 95).

Bu oturma biçimi duygusal ve bedensel temasa imkân verdiği için, kendilerini yakın hisseden insanların birbirlerine daha da yakınlaşmalarına yardım eder. Böyle bir yakınlaşma aynı zamanda kişilerin birbirlerine olan duygularını dışlarındaki dünyaya göstermek amacını taşır. Birbirine dönük duran omuzların paralel hattan ayrılmaları ilginin çevreye yönelmesini veya konuşulan konulardaki anlaşmazlıkları işaret eder.

Yuvarlak Masa

Oturma düzeni denince akla ender olarak bir yuvarlak masa gelir. Yuvarlak masa, katılanlar arasında eşitliği çağrıştırır. Televizyondan edindiğimiz bilgiler bize hem Birleşmiş Milletler, UNESCO gibi batı kültürünü yansıtan, hem de

OPEC gibi doğu kültürünü yansıtan örgütlerin toplantılarında ve çeşitli uluslararası toplantılarda yuvarlak masaların kullanıldığını göstermektedir.

Tarihte toplantılarını yuvarlak masada yaptığı bilinen ilk yönetici Kral Arthur'dur. Şövalyelerini yuvarlak bir masa etrafında toplayan Kral, böylece onlara eşit güç ve değer verdiğini göstermek istemiştir. Gerçekten de *yuvarlak masa, çevresine oturanların kendilerini rahat, güvende ve sakin hissetmelerine imkân verir ve tartışmalar için elverişli bir atmosfer yaratır.*

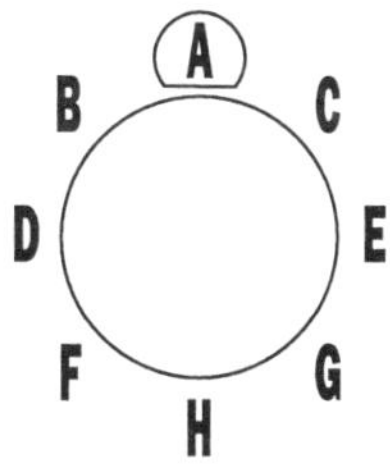

Şekil 10: *Yuvarlak masa çevresinde güç dağılımı*

Şekil 10'da gücü temsil eden A'nın sağında oturan B, C'ye göre daha üstün konumdadır. H'nin konumunda oturan kişi ise ikinci derecedeki güç merkezidir.

Grup lideri yüzünü kapıya döner ve büyük bir ihtimalle arkasında duvar veya cam vardır. Arkası kapı olan bir oturuş biçimi, bir lidere uyan oturma konumu değildir.

Ancak yuvarlak masa etrafında oturanlar arasında bile güç ve statü farkı vardır. Toplantı başkanının veya gücü temsil eden kişinin oturduğu yerin sağı ve solu diğer grup üyelerinden daha ayrıcalık taşır. Bu iki kişi arasında da sağda oturan ağır basar. Bu büyük bir ihtimalle insanların çoğunluğunun sağ elini kullanmasından ileri gelir. Gücü temsil edenden uzaklaştıkça statü düşer. Tam karşıda liderle rekabet içinde olan ve ikinci derecedeki güç merkezi olan kişi oturur.

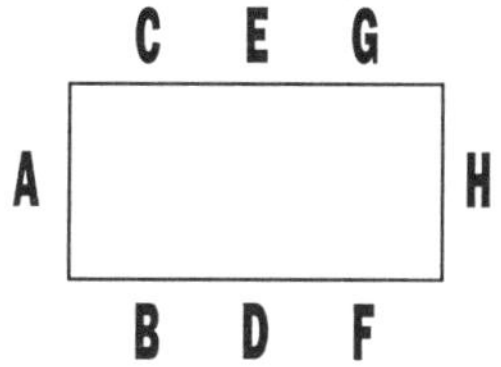

Şekil 11: *Dikdörtgen masa çevresinde güç dağılımı*

Dikdörtgen masalarda da oturanların güç ve statüleri açısından benzer bir durum söz konusudur. Gücü temsil eden kişi kapıya yüzü dönük olarak ve masanın başına oturur. Sağı ve solunda kendisine en yakın kişiler yer alır. Merkezden uzaklaştıkça güç azalır. Tam karşıda ise yuvarlak masada olduğu gibi ikinci derecedeki güç merkezi yer alır.

Sonuç

Buraya kadar anlatılanlardan insanların bir masa çevresinde birbirlerine göre yerleşme durumlarının onların birbirleriyle olan geçmiş ilişkilerinden kaynaklandığını — eğer ilk defa karşılıyorlarsa — gelecekteki ilişkilerini etkileyebileceğini gördük. Bu sebeple özellikle iş hayatında kullanılan masaların ve bu masalara oturma biçiminin ne kadar büyük önem taşıdığı kendiliğinden ortaya çıkmaktadır.

Büyük çoğunlukla yeterince dikkat edilmeyen ve önemsiz bir ayrıntı gibi görülen oturma düzeninin taşıdığı önemin farkında olmak ve masa çevresinde yer alacak kişilerin konumlarını belirlemek ev sahibine veya davet sahibine düşer. Ev veya davet sahibi konuklarını masa çevresine bilinçli bir şekilde yerleştirirse, istediği sonucu alma şansı yükselir.

İnsanlararası İlişkilerde Mesafe ve Bedensel Temas

GÜVENLİK ALANLARI

Mesafe, insanlararası ilişkilerde kişilerin birbirlerine verdikleri değeri, önemi gösteren ve kendilerini ilişki içinde koydukları yer konusunda bize bilgi veren en temel belirleyicidir.

Mesafe, öneminin farkında olanlar tarafından kontrol edilebilir bir iletişim öğesidir. Bu sebeple hem yüz yüze ikili ilişkilerde, hem de geniş mekân içinde bir toplulukla kurulan ilişkilerde mesafeyi bilinçli olarak kullanmak büyük yarar sağlar. *Kişinin diğer insanlarla arasına koyduğu uzaklık, onlara karşı olan duyguları ile ilgilidir.*

Mesafe bütün ilişkilerimizde önemli bir duygusal belirleyici olduğuna göre kendimizi çok yakın hissettiğimiz kişilere yaklaşır, hatta onlara temas ederiz. Ama pek de hoşnut olmadığımız kişiler söz konusu olunca onlardan uzaklaşmaya ve aramıza mesafe sokmaya çalışırız. Bu kişilerden "Amma da burnumun dibine giriyor" diyerek dert yanarız.

Diğer kişilerle mesafenin kullanılışı sadece karşımızdaki kişiye bağlı değildir. Ayrıca yapmakta olduğumuz iş ve zaman baskısı da alanın kullanılmasındaki seçimlerimizi etkiler. "Ayağımın altında dolaşma" "şu sırada kimsenin etrafımda olmasını istemiyorum", gibi sözler kendi kendime yapacaklarım var anlamında oldukça yaygın kullanılır.

Çok genel bir ifadeyle söylemek gerekirse, batı ve kuzey toplumlarında mesafe, doğu ve güney toplumlarına kıyasla daha uzaktır.

İnsanlar birbirleriyle ilişkilerini esas olarak dört bölgede düzenlerler. Mahrem alan, kişisel alan, sosyal alan ve genel alan.

İstanbul'da yapılan bir ön çalışmada güvenlik alanları ile ilgili mesafelerin Şekil 12'de görüldüğü gibi olduğu saptanmıştır.

E. Hall'ın 1966 yılında yaptığı araştırmaya göre ABD'de mahrem mesafe 0 - 46 cm, kişisel alan 46 - 120 cm, sosyal alan 120 - 350 cm, genel alan 3,5 m.'den daha fazla olan bir uzaklıktır.

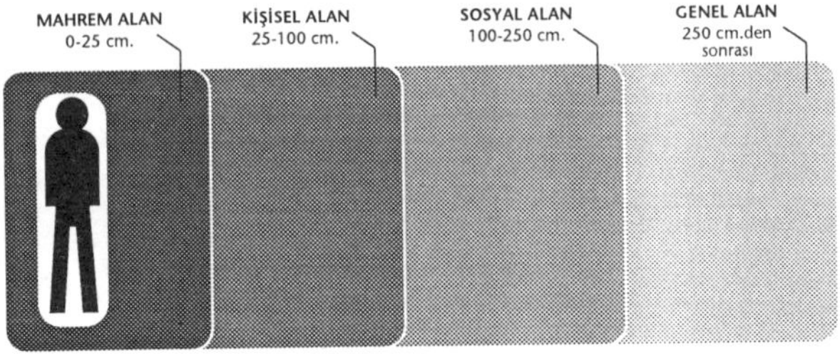

***Şekil 12** : İstanbul'da elde edilen verilere göre insanlararası ilişkilerde korunan mesafe.*

Mahrem Alan

Her insanın bir psikolojik korunma sınırı vardır. Buna mahrem alan denir. 0-25 cm.'lik mahrem alan içine *sadece özel duygusal ilişkimiz olan insanları alırız.* Bunlar aile bireyleri, eşimiz - sevgilimiz ve çok az sayıdaki yakın arkadaşlarımızdır. Bu kimselerin dışında herhangi bir kişinin bu mesafeyi aşması bizde rahatsızlık yaratır.

Samimi olmadığımız kişilerle, çalışma ortamlarında veya davetlerde korumak istediğimiz alanımız bu psikolojik korunma alanımızdır.

Kişisel alanın istenmeyen kişiler tarafından aşılması iki türlü duygusal değişikliğin yaşanmasına sebep olur:

1) Sıkıntı, gerginlik ve huzursuzluk

2) Saldırganlık eğiliminde artış.

Bu duygular bütün insanların tanıdığı ve yaşadığı duygulardır. Örneğin : Asansörde kişisel alanımız içinde durulmasının sıkıntı ve huzursuzluk yarattığını hepimiz biliriz. Yurdumuzdaki toplu taşımacılık sisteminde insanların öfkeli ve patlamaya hazır olmalarının sebeplerinden biri de mahrem alanlarının içine girilmiş olmasıdır. Okul taşımacılığında kullanılan minibüslere yerleştirilen kucak kucağa çocuklar, bu oturma düzenleri ile "eğitimciler" tarafından saldırganlığa davet edilmektedir. Okul minibüsleri ne ölçüde sıkışık olursa, öğrencilerin birbirleriyle itişmeleri ve el şakaları da aynı ölçüde artmaktadır.

İstanbul'da cafe, park ve otel lobilerinde çiftlerin birlikte olma düzen ve mesafelerini değerlendiren bir alan çalışması yapılmıştır.

Bu araştırma sonucunda İstanbul'da insanların toplu olarak bulunduğu yerlerde olanların % 48 oranında 0-25 cm.'lik mahrem alan içinde, % 38'inin de 25-50 cm.'lik yakınlık içinde oturdukları görülmüştür. Ayrıca tek başına oturan kadınlar, diğer kişilere 100-300 cm. mesafeyle oturmayı tercih ederken, erkeklerde bu mesafe 50-100 cm.'ye düşmektedir. Kadınların erkeklere kıyasla mahrem mesafeyi koruyucu tutumlarının daha belirgin olduğu dikkat çekicidir. Tek başına oturan kadınlar genellikle daha çekingen ve sosyal alan içinde kalmaya özen gösteren beden dilini benimserler.

Bazı durumlar kendimizi çok yakın hissetmediğimiz kişilerin mahrem alanımıza girmelerine izin vermemizi gerektirir. Batı kültüründe aynı cinsiyetten insanlar birbirleriyle öpüşmezler. Oysa Türkiye'de kendinizi çok yakın hissetmediğiniz bir arkadaşınız tarafından öpülmeniz çok uzak bir ihtimal değildir. Doğum günü, bayram, yeni yıl veya herhangi bir başka sebeple gerçekleşen böyle bir öpüşmeyi içten bir öpüşmeden ayıran nedir?

Öpüşen insanların birbirlerine karşı olan gerçek duygularını anlamak için bedenlerinin göğüs ve göğüsten aşağı bölümüne bakmak gerekir. Gerçekten birbirlerinin mahrem alanlarına giremeyecek olan kimseler, öpüşürken bedenlerini uzakta tutmaya gayret ederler.

İnsanlar kalabalık bir otobüs veya trende yolculuk ederlerken, bir sinema çıkışında veya büyük bir asansörde, mahrem alanları içine yabancılar girer. Bu sıkışıklık kısa sürecek bir sıkışıklıksa, tanıdıklarımızla bile konuşmayız, çevremizdeki insanlarla göz teması kurmaktan kaçınırız, mümkün olduğu kadar az hareket ederiz, elimizde bir gazete veya kitap varsa onunla ilgileniriz, asansördeysek saate bakar veya kat numaralarını izleriz.

İnsanların mahrem alanlarının aşılması adrenalin salgısının artmasına ve bunun sonucu olarak daha saldırgan olmalarına yol açmaktadır. Yapılan araştırmalar, hayvanlar dünyasında da böyle bir alanın varlığını ortaya koymuştur. *Aşırı kalabalık, saldırganlığa ve üreme hızında azalmaya sebep olmaktadır.*

Daha önce de belirtildiği gibi mahrem alanına girilmesi insanlarda gerginlik ve huzursuzluk yaratır. Sorgulama görevi yapan polisler bundan çok iyi yararlanırlar. Odanın ortasına konulan bir sandalye, kişinin kendisini savunmasız hissetmesine sebep olur. Bunun üzerine sorguyu yapanın sorgulanana çok yaklaşması, sık sık onu göğsünden itmesi savunmanın kırılmasına ve kişinin çözülmesine yol açar.

Birlikte oturan kişiler baş ve bedenleriyle beraber oldukları kişiye dönük oturmayı tercih etmektedir. Bununla beraber araştırmada gözlenen kişilerin % 21' inin ise ilgilerini birlikte oldukları kişinin dışındaki nesnelere veya başka insanlara yönelttikleri saptanmıştır.

Erkeklerin kadınlara kıyasla daha dışa dönük ve sosyal ilişkilere hazır oldukları izlenmektedir. Türk kültüründeki bu farkı yansıtan bir başka veri de, erkeklerin tek başına otururken merkezlerini diğer insanlara dönük olarak tutmalarıdır (% 39). Kadınlarda ise bu oran % 14'e düşmektedir. Kadınların % 79'u, erkeklerin % 46'sı otururken merkezlerini insanların olmadığı yöne doğru yöneltmeyi tercih etmişlerdir. Kitabın çeşitli bölümlerinde vurgulandığı gibi başın, merkezin ve ayakların yönü, ilişki kurma isteğimizin önemli bir belirleyicisi ve kişinin ilişkiye duygusal hazırlığının bir göstergesidir. Erkeklerin % 35'i, kadınların ise % 7'si başlarını doğrudan diğer insanlara çevirmişlerdir. Başlarını insanların olmadığı yöne çevirmeyi tercih eden kadınların oranı % 50 iken, bu oran erkeklerde % 35 olarak ortaya çıkmaktadır.

Kişisel Alan

Kişisel alan iki arkadaşın konuşurken korudukları 25 cm. ile 1 metre arasında değişen uzaklıktır. İşyerinde, davetlerde birbirlerini tanıyan ve arkadaş kabul eden kimseler birbirlerinden bu uzaklıkta dururlar. Kendimizi yakın hissetmediğimiz insanların girmesine izin vereceğimiz en yakın alan kişisel alandır. Bu mesafenin aşılması bizde rahatsızlık yaratır ve geri çekilerek veya uzaklaşarak mesafemizi korumaya çalışırız. İlgi duyduğumuz bir insanın bu alana girmesini, bize yakınlaşma isteği olarak yorumlarız.

Sosyal Alan

Tanıdıklarımızla, işyerindeki arkadaşlarımızla, evimize gelen tamirci, kapıcı gibi kimselerle kurduğumuz ilişkilerde, 1 metre ile 2,5 metre arasında bir mesafede durmaya çalışırız. Bu mesafe toplantılarda, davetlerde, birbirlerini az tanıyanlar arasında korunur. İş ortamında ise bu mesafenin korunmasına büro araçları, masalar, koltuklar, sehpalar, çiçek veya çeşitli aksesuarlar yardımcı olur.

Bu alan içindeki kimselerle selamlaşma gereği duyarız. Bu tür gruplarda kişiler arasında özel yakınlaşmalar yoksa, sosyal alan özenle korunur. Siz de kendinizi gözleyerek bu mesafeyi korumak için gösterdiğiniz doğal özeni izleyebilirsiniz. Ancak insanlara yaklaşmak onları kontrol etmeyi kolaylaştırır. Bu sebeple üstünlük kurmak ve kontrol etmek istediklerinize yaklaşabilir, sizi kontrol etmek isteyenlerden uzak durabilirsiniz.

Orta büyüklükte bir fabrika sahibi olan bir dostum, memnun olmadığı müdüründen söz ederken, "Fabrikayı gezerken, ne zaman aksayan işleri gösterecek olsam Rıza Bey'in benden çok uzakta olduğunu görüyor ve rahatsız oluyorum." diyordu. Büyük bir ihtimalle Rıza Bey, patronunun kendisine karşı olan duygularını fark ettiği için, onun egemenlik alanının dışında durmaya özen gösteriyordu, böylece ondan gelecek tehdit dolu mesaj ve yaklaşımlardan kendisini korumaya çalışıyordu.

Genel Alan

Otobüs durakları, tren istasyonları, büyük otellerin lobileri gibi topluma açık yerlerde birbirlerini hiç tanımayan insanların - imkân olduğu takdirde - korumaya özen gösterdikleri mesafe en az 2,5 metredir. Örneğin, boş bir sinema veya konferans salonunda yanımızdaki koltuğa birisi oturursa rahatsız oluruz ve yer değiştirme ihtiyacı duyarız. Eğer oturduğumuz sıra bütünüyle boş ise sıra başından bize kadar olan mesafenin yarısının aşılacak şekilde bize yakın oturulması bile bizi rahatsız eder.

Yukarıda sayılan genel yerlerde, tanımadığınız insanların genel alanlarına girerek, insanların verdiği tepkiyi gözleyebilirsiniz. Eğer bulunduğunuz ortam, 2,5 m.'lik genel alan bölgesini koruma imkânını veriyorsa, insanların büyük bir ihtimalle, kendileri dahi fark etmeden bir adım atarak, sizden uzaklaştıklarını göreceksiniz. Bu alan içindeki kimselerle selamlaşmak veya herhangi bir şekilde ilişki kurmak ihtiyacı hissedilmez.

İnsanlar bazı durumlarda mahrem mesafelerinin aşılmasına izin vermek zorunda kalırlar. Örneğin genel bir alanda, sıkışık bir yerden veya bir kapıdan geçerken hiç tanımadığımız insanlarla mahrem mesafemizi aşacak biçimde yakınlaşırız.

TOPLUMUMUZDA KADIN VE ERKEKLERİN DAR ALANDA YAKINLAŞMA BİÇİMLERİ

Birbirlerini tanımayan bir kadın ve bir erkek kapıda karşılaşırsa kim yol verir? Dar bir yerden geçmek zorunda kalırlarsa insanlar bedenlerini ne tarafa dönük tutarlar?

Yaptığımız bir araştırmada bu soruların cevaplarını aradık. Bir büyükşehirde Türk kültürünün değerlerinin birbirlerini tanımayan kadın ve erkeklerin yakınlaşmaları konusuna nasıl yansıdığını araştırdık.

Birbirini tanımayan bir erkek ve bir kadın bir kapı girişinde veya daralan bir noktada karşılaştıkları zaman % 70 çoğunlukla erkeklerin kadınlara yol verdikleri görülmüştür.

Bu yol verme sırasında erkeklerin % 72'si yan durmakta, geri çekilmekte veya yüzünü yol verdiği kadına dönmektedir (Grafik 5). Buna karşılık erkeklerin ancak % 28'i kadınla aynı anda, çarparak veya önüne geçerek geçmeye çalışmaktadır.

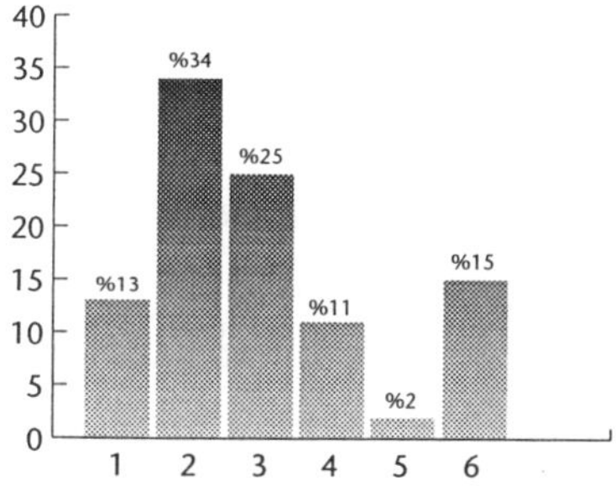

1- Yan durarak
2- Geri çekilerek
3- Yüzünü dönerek
4- Aynı anda
5- Çarparak
6- Önüne geçerek

Grafik 5 *: Dar bir geçitte farklı cinsiyetteki kişilerin yol verme veya geçme biçimleri (Erkeğin kadına).*

Böyle bir geçiş sırasında kadınların üçte birine yakın bölümüyle erkekler aynı anda hareket etmekte ve çoğunlukla çarpışmaya sebep olmaktadırlar.

Kadınların sadece % 11'i geçiş sırasında yüzlerini erkeklere dönmektedirler. İngiltere'de yapılan araştırma sonuçlarına göre erkeklerin % 62'si kadınlar yanlarından geçerken yüzlerini onlara dönük tutmaktadırlar.

Buna karşılık Türkiye'de erkeklerin % 25'i böyle dar bir alandaki geçişte kadınlara bedenlerini ve yüzlerini dönmektedirler. Ancak % 46'lık bir çoğunluk yan durarak ve geri çekilerek yol vermektedir. Bu da *geleneksel Türk kültürünün kadınlara karşı koruyucu ve kollayıcı özelliğini sürdürmekte olduğunu düşündürmektedir.*

BEDENSEL TEMAS VE BEDENİN YÖNÜ

DOKUNMANIN VERDİĞİ RAHATLIK

Sıcakkanlı ve memeli bütün canlılarda dokunma rahatlık verir. Dokunmanın verdiği rahatlık üzerine çok sayıda birbirinden ilginç araştırma yapılmıştır. Bilim adamları yeni doğmuş bebeklerin anneye bağlılığını, insanlardan daha hızlı geliştikleri için hayvanlar üzerinde incelemişlerdir.

Bu araştırmalardan birinde yavru maymun, annesi yerine telden yapılmış bir manken maymun tarafından beslenmiş ancak beslenme dışında kalan zamanının bütününü kumaştan yapılmış manken maymunun yanında, ona sıkı sıkı sarılarak geçirmiştir. Bu sonuç, bebeğin anneye bağlılığının sebebinin beslenme olmayıp, dokunmanın verdiği rahatlık olduğunu ortaya koymuştur.

Bir başka araştırmada biberonları doğumdan itibaren kafese bırakılan ve hiçbir şekilde dokunmanın verdiği rahatlığı yaşayamayan maymunların, normal beslendikleri halde, gelişim gerilikleri gösterdikleri, çok çabuk mikrop alıp hastalandıkları ve öldükleri görülmüştür.

Son zamanlarda yapılan araştırmalar, yalnız yaşayan kalp hastalarının, evlerinde köpek besledikleri takdirde yeni bir kalp krizi riskinin azaldığını ortaya koymuştur. Yalnız yaşayan kalp hastasının köpekle kurduğu ve dokunmanın verdiği rahatlıktan kaynaklanan sevgi ilişkisi hayat süresini uzatmaktadır.

İnsanlararası İlişkilerde Temas

Bütün araştırmalar bedensel temasın canlıların hayatında önemli bir rolü olduğunu ortaya koymaktadır. Türkler, duygularını aktarmak için temas öğesinden Batı toplumlarına kıyasla daha fazla yararlanan milletlerdendir. Birbirini öpme, kolları ya da sırtı tutma bizdeki insan ilişkilerinde sık ve bol olarak kullanılır. *Aile bireyleri arasındaki ilişkilerde sarılma, öpme, kucaklama ve okşamanın yaşanması, ilişkileri geliştirir.* Temas öğesinin varlığı büyüklere de, çocuklara da güven verir.

Aile bireyleri dışındaki kişilerle kurulan ilişkilerde temasın çok dikkatle ve ölçülü olarak kullanılması gerekir. Bir başkasıyla tartışan arkadaşınızın yanından geçerken koluna hafifçe dokunmanız veya sırtını çok hafif sıvazlamanız, onu uzun uzun konuşmaktan daha çok rahatlatır.

Temas ve Mahrem Alan

Ancak daha önceki bölümde insanların mahrem alanlarına girmenin nasıl rahatsızlık ve gerginlik doğurduğu ayrıntılı biçimde anlatılmıştı. Bu sebeple, özellikle *karşı cinsiyetten yetişkin insanlarla temastan kaçınmakta yarar vardır.*

Bedensel temas, aynı cinsiyetten kimseler arasında veya yaptıkları iş uygunsa yaşlılara ve çocuklara yönelik olarak kullanılabilir. Uçakta bir kabin memurunun yaşlı bir erkek yolcusuna veya bir çocuğa teması uygunsuz kaçmayabilir.

Bunun gibi, bir şirket üst düzey yöneticisinin, genç memuruna teması onun motivasyonunu yükseltir ve ona şirket için önemli olduğunu hissettirir. Öğretmenler de öğrencileri üzerindeki etkilerini bu yolla artırabilirler.

Aile üyeleri dışındaki insanlarla kurulan temas ilişkisinde dikkat edilmesi gerekenler *doğallık, kendiliğindenlik, durumun veya şartların bu teması uygun kılmasıdır.*

Aile üyeleri dışındaki kişilerle kurulan temas ilişkisinde en önemli faktör, karşıdaki insanın bu temasa karşı olan tutumudur. Karşıdaki kişi bu temastan rahatsızlık duyuyorsa, bunu geri çekilerek, kendini geride tutarak veya karşılık vermeyerek beden dilinin çeşitli işaretleriyle ortaya koyar. Bu durumda o kişinin mahrem alanına girilmesinden ötürü yaşayacağı duyguyu algılamak üzere *duyarlı ve açık olmak* yararlıdır. Aksi takdirde ortaya rahatsızlık verecek yorumlar ve istenmeyen sonuçlar çıkması kaçınılmaz olur.

YÖN BELİRLEYİCİLER

Otururken veya ayakta mesafe, insanların birbirlerine duydukları yakınlığın bir işaretidir. İnsanlararası ilişkilerde mesafenin taşıdığı önem ve bunun anlamı üzerinde daha önce ayrıntılı olarak durulmuştu (Bkz. s. 110).

Bir grup içinde diğerlerinden nispeten uzak oturan kişi, çeşitli sebeplerden ötürü kendini tam olarak grubun içinde hissetmiyor demektir. Grup içinde bulunan ama diğerlerine kıyasla çok yüksek statüde ve saygı uyandıran birinin varlığı da insanların o kişiye dönük ancak, bazen ondan uzak oturmalarına sebep olabilir.

Birbirine yakın oturan insanlar dayanışma ve güven duygusunu yaşarlar. Eğer bu oturuş daire biçimindeyse, dış dünyaya olan kapanma ve iç dayanışma daha açık duruma gelir. Benzer şekilde yan yana oturarak, duygularını ve ya-

***Resim 96** : Dış dünyaya karşı ortak cephe oluşturmuş bir aile.*

şantılarını paylaşmak, bu oturuş biçimi kişilerin birbirlerine hafif temas etme imkânını da doğurduğu için, dış dünyaya karşı bir ortak cephe oluşmuş olur (Resim 96).

AYAK UÇLARININ YÖNÜ

İnsan ilişkilerinde bedenin üst yarısının (göğsün) ve ayak uçlarının dönük durduğu yön, kişinin ağzından dökülen kelimeler ne olursa olsun, gerçekte zihinsel ve duygusal enerjisinin dönük olduğu yöndür. Odasının kapısı önünde, size bakarak sizinle konuşan amirinizin göğsü ve ayakları kapıya dönükse, sizinle sürdürdüğü konuşmadan fazla hoşnut olmadığından ve bu görüşmeyi bitirmek istediğinden emin olabilirsiniz.

Beden dilinin insanın iç dünyasıyla ilgili verdiği önemli ipuçlarından bir tanesi, göğüs ve ayak uçlarıyla işaret edilen yönün, insanın bulunmak istediği yerle ilgili gerçek niyetini ortaya koymasıdır (Resim 97).

Aile içi ilişkilerimizde, özellikle çocuklarımızla iletişimimizde onların ve bizim beden duruşumuz konuya duyulan ilgi ve katılımın en açık işaretleridir. Çocuğa ders çalışmanın önemini anlatırken onun gözleri başka yerde, gövdesi size yarım dönük, ayakları da oyuncakları yönünde ise mesajınızı almaya hiç hazır olmadığından emin olabilrsiniz.

Ayakta durarak herhangi bir konuda tartıştığınız bir kişinin bu tartışmayı bitirmek isteyip istemediğini anlamanın en iyi yolu, onun ayak uçlarına ve göğüs yönüne bakmaktır. Benzer şekilde bir mağazada, satıcının bir ürünü satmak için gayret harcadığı bir müşterinin ayak yönü mağazanın içinde bir yöne dönükse, satıcının elindeki ürünü satma gayretinden vazgeçip müşterinin ilgi duyduğu yöndeki ürünlere yönelmesi gerekir. Eğer müşterinin ayak ve göğüs yönü

***Resim 97** : Göğüs ve ayak uçları ile işaret edilen yön, kişinin zihninden geçeni gösterir.*

kapıyı işaret ediyorsa; satıcıyı nezaket gereği dinliyor demektir. Bu takdirde satış elemanın ürünü satma gayretinden vazgeçip, mağazanın imajına yatırım yapması, mağazaya yakında gelecek yeni ürünlerden söz etmesi ve mağazayı övmesi, böylece daha sonraki alışveriş tercihlerini etkileyerek potansiyel bir müşteri yaratması yerinde olur.

İnsanların kokteyl, parti gibi toplu olarak ayakta durdukları ve üçlü, dörtlü, beşli, altılı veya daha fazla kişiden oluşan gruplar oluşturdukları durumlarda, *grubun ilgi merkezi olan kişiyi anlamak için yine ayak uçlarının gösterdiği yöne bakmak gerekir.*

Resmi toplantılarda yüksek düzeyde bürokratlar, bakanlar, milletvekilleri ya da parti yöneticileri, işyerinde yapılan toplantılarda üst düzey yöneticiler, akademisyenler arasında karar noktasındaki hocalar grupların ilgi merkezini oluştururlar. Yapılan gözlemlerde bu kişilerin bulunmadığı gruplarda ayak uçlarının dönük olduğu yöne bakıldığında çoğunlukla bir kadının merkez olduğu görülmüştür.

Kadınlar bu tür bir ilginin merkezi olmaktan memnun olurlar, durumun tadını çıkartırlar ve çoğunlukla bir süre sonra kendi merkezlerini ilgi duydukları kişiye çevirebilirler.

Duruş Açısı

Ağızlarından dökülen sözler ne olursa olsun insanların birbirlerine karşı yaşadıkları duyguları, gerçek niyet ve düşüncelerini ortaya koyan göstergelerden biri mesafe, diğeri ve daha önemlisi de duruş açısıdır.

Birbirlerini dinlemeye istekli olan kimseler çoğunlukla birbirlerine 90° lik açıyla dururlar (Resim 98).

***Resim 98** : Görüş alışverişine ve grubu genişletmeye imkân verecek durma biçimi.*

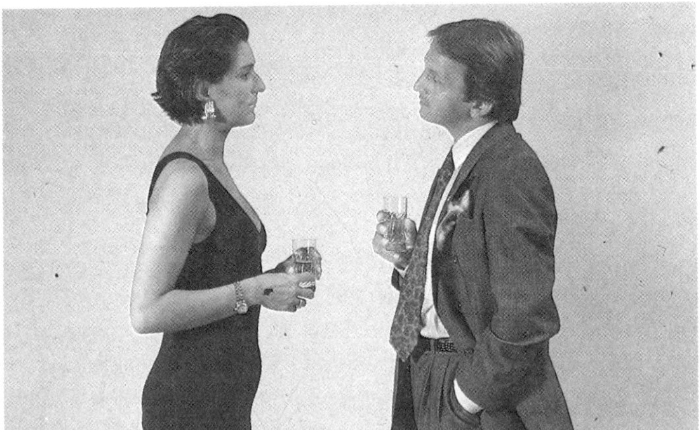

***Resim 99** : Özel bir paylaşım içerisinde ve diğer insanlara kapalı duruş biçimi.*

Resim 100 *: Kişilerin birbirlerine hissettikleri duygular açısından üç kişinin oluşturduğu dengeli bir üçgen.*

Resim 98'de görüldüğü gibi iki kişi göğüs ve ayak duruşlarıyla hayali bir üçüncü noktayı işaret ederek bir üçgen oluşturmuşlardır. Bu duruş biçimi hem karşılıklı görüş alışverişine imkân verir, hem de başka kimselere de topluluğa katılma cesareti vererek, grubu genişletmeye davet eder.

Aynı düzeyde dördüncü bir kişinin gelmesiyle grup bu defa ya bir dörtgen oluşturabilir veya bu dörtgeni oluşturmayıp, gelen kişiyi dışarıda bırakır. İki kişi 90° lik açıyla bir üçgen oluşturmayıp, bütünüyle birbirlerine dönerler ve açıyı 0° ye indirirlerse, o kişiler arasında özel bir şeyler paylaşılmaya başlanmış demektir (Resim 99).

Aynı cinsiyetten iki insan bu duruş biçimindelerse, sadece onları ilgilendiren özel bir konuyu konuştuklarını düşünmek hatalı olmaz. Farklı cinsiyetten iki kişinin bu duruş biçiminde olmaları ise duygusal bir yakınlaşmanın işaretidir. Aradaki mesafenin ölçüsü, iki kişi arasındaki yakınlığın ölçüsüyle doğru orantılıdır. Özellikle bir kadın doğrudan kendisine dönük olan beden duruşuna aynı şekilde karşılık veriyorsa, karşıdaki kişiyi mahrem alanına kabul etmiş demektir.

Karşılıklı duruş sırasında kişiler birbirlerine genel olarak açılı duruşlardan daha yakın dururlar.

Ayakta

İki kişinin ayakta, merkezleri birbirlerine yarı açık olarak durdukları bir sırada gruba üçüncü bir kişi katılır ve üçgen bozulmazsa katılan diğerleri tarafından kabul edilmiş demektir. Daha önce hayali bir noktada kesişen ayak uçları bu kez gerçek bir kişide kesişir ve dengeli bir üçgen oluşur (Resim 100).

Ancak iki kişi arasında özel bir enerji doğması ve onların iletişimlerinin derinlik kazanması beden duruşlarında hem yüzlerinin, hem de ayak uçlarının birbirlerine dönmesiyle belli olur.

Böyle bir durumda diğer kişiyle erkek arkadaşı arasındaki yakınlığı sezen kadın, kendisinin bile tam olarak farkında olmadığı çeşitli hareketlerle dikkati çekmeye ve ilgiyi kendi üzerine toplamaya çalışabilir. Örneğin; saçlarını geri atarak eliyle onları toplar (Resim 101).

***Resim 101** : Ortadaki kadın ilginin arkadaşında yoğunlaştığını hissedince yaptığı kadınca hareketle dikkati kendi üzerine çekmeye çalışıyor.*

Resim 102 : Üçüncü kişinin kabul edilmediği durum.

İki kişi arasında özel bir yakınlığın doğduğunun fark edildiği durumlarda uygun olan, çok kere kişileri zorlamak yerine grubu terk etmektir.

Bazen üçüncü kişi kendisiyle konuşulmasına aldanarak grupta kalmayı sürdürür. Oysa birbirlerine merkez alan iki kişinin beden diline dikkat etmek, bu konuda gerçeği görmeye yardım eder (Resim 102)

Otururken

İkiden çok kimsenin olduğu durumlarda önemsiz ve hatta anlamsız gibi gözüken çok küçük hareketler büyük anlam taşımaktadır. İster aynı cinsiyetten, ister farklı cinsiyetten olsun insanların grup halinde bulundukları yerlerde büyük çoğunlukla rekabet vardır. İnsanlar her zaman üstünlüklerini olmasa bile, çoğunlukla kendilerini ortaya koymayı ve değerli olduklarını göstermeyi isterler.

Eğer topluluk farklı cinsiyetten insanlardan oluşuyorsa, özellikle aynı cinsiyetten olanlar arasında açık veya kapalı ortaya çıkan rekabet kendisini her fırsatta ortaya koyar. Çoğunlukla bu rekabeti erkekler kendi aralarında, kadınlar kendi aralarında yaşarlar. Eğer topluluk evli olmayan kişilerden oluşuyorsa bu rekabetin daha açık ve doğrudan, evli kişilerden oluşuyorsa fikir tartışmalarında ağır basmak, üstünlüğünü ortaya koymak gibi daha kapalı ve dolaylı olarak yaşandığı tespit edilmiştir.

Üçüncü kişilerin gruba alınıp alınmadıklarını gösteren işaretler ile ilgili araştırmalar, kabullenme veya reddetme tavrının büyük çoğunlukla açık ve belirli davranışlar yerine, çok ince nüanslarla ortaya çıktığını göstermiştir. Üç kişinin oluşturduğu bir grupta birbirleriyle sohbet edenlerden ikisinin arasında özel olarak ilgi doğuran bir konuşmanın başlaması bu kişilerin beden dillerinden hemen ortaya çıkar. Resim 107'de görüldüğü gibi elin ve omzun küçük bir hareketi ve bacağın atılma yönü üçüncü kişiyi konuşma alanının dışında bırakmaya yetmiştir (Resim 103).

Ancak üçüncü kişinin konuşma alanı dışında kalmaya niyeti yoksa, o da son derece küçük bir hareketle ağırlığını hissettirir ve dirseğini masaya yaslayarak, omzuyla arkadaşını dışarda bırakır ve ilgiyi kendi üzerine çekmeyi dener. Böyle küçük bir müdahale ile bu kişi baş role geçmeyi başaramasa bile, orada bulunmakta olduğunu ve geri planda kalmayacağını, diğer iki kişi arasında özel bir iletişime ve duygu alışverişine izin vermeyeceğini ortaya koyar (Resim 104).

***Resim 103 ve 104** : Sağdaki kişi ilginin arkadaşına yöneldiğini fark edince küçük bir dirsek hareketiyle onu iletişimin dışında bırakıyor.*

***Resim 105/106/107** : Otururken üçüncü kişiyi dışlama tutumları.*

Oturan kişilerin birbirlerine olan yönelişleri ve özellikle bacak bacak üstüne atış yönlerinin de, kişiler arasında ilgi dağılımının önemli göstergelerinden biri olduğu saptanmıştır.

Yan yana veya 90° lik açıyla oturan kişilerin bacak bacak üstüne attıkları yön birbirine duydukları ilginin yansımasıdır. Eğer kişilerin üstteki ayakları farklı bir yöne bakıyorsa iki kişinin zoraki bir şekilde bir arada olduğunu düşünmek hatalı olmaz (Resim 105-106).

Taraflardan biri muhatabına dönük oturuyor, diğerinin ise üstteki ayağı farklı yönü işaret ediyorsa, bu durumda o kişinin bu beraberlikten yanındaki kadar memnun olmadığını düşünmek mümkündür.

Üç veya daha fazla kişinin bulunduğu bir ortamda, bacak bacak üstüne atılma yönünün, genellikle o yöndeki kişiye duyulan ilgiyi ve yakınlığı işaret ettiği saptanmıştır. O yöndeki kişinin de ilgiye karşılık vermesi durumunda, o da aynı yönde bacak bacak üstüne atar. İlginin artması iki kişinin birbirlerinin hareket hızlarını, jest ve mimiklerini ve beden duruşlarını kopya etmelerine yol açmaktadır (Resim 107).

Cinsel Sinyaller ve İlgi İşaretleri

KUR DAVRANIŞLARI

İnsanların belirli bir zamanda cinselliği düşünmelerine sebep olan nedir? Bir kadın ve bir erkek tanışır ve hiç bir şey olmaz, buna karşılık bir başka kadınla bir erkek tanışır ve birden şimşekler çakar. Desmond Morris'e göre cinsellik, cinsiyeti belirleyici işaretler tarafından harekete geçirilir. Cinsiyeti belirleyici işaretler ise, karşıdakinin kişi olarak değil, kadın veya erkek olarak cinsiyet özelliklerinin vurgulanmasıdır. Cinsiyet farklılığını belirten her özellik dikkatimizi çeker. Kadınlarda bacaklar, göğüsler, yuvarlak kalçalar; erkeklerde geniş omuzlar, düz kalçalar ilk fark edilenlerdir. Daha sonra moda tarafından etkilenen giyim ve saç modeli gelir. Kadınlarda makyaj cinsiyet özelliğinin ayrılmaz bir parçasıdır.

Hayvan davranışlarını inceleyen zoologlar, dişi ve erkek hayvanların birbirleriyle ilişkiye geçmeden önce bir dizi kur yapma davranışı sergilediklerini ortaya koymuşlardır. Hayvanlar arasındaki kur yapma davranışlarının bazıları aşikâr, bazıları da oldukça dolaylı ve örtüktür.

Hayvanlar ses çıkartarak, tüylerini kabartarak ve sürtünmek, yaklaşmak gibi çeşitli hareketler yaparak karşı cinsten olanın dikkatini çekerler.

İnsanlar üzerinde yapılan araştırmalar, belirli bedensel özelliklerin hangi sebeple dikkatimizi çektiğini henüz ortaya koyamamıştır. İlgimizi çeken kişinin bedensel özellikleri belki bizi etkileyen önemli birine (anne-baba), belki hayalimizde yaşattığımız toplumsal güzellik idealine, belki bizde cinselliği çağrıştıran belirli bir imaja benzeyebilir.

İlgi Aşamaları

Cinsel açıdan ilgi duyduğu birisiyle karşılaşan kişinin davranışları üç aşamadan geçer. İlk tepki uzun süreli göz temasıdır. Karşıdaki kişinin bakışlara karşılık verdiği düşünülürse, bunu bedensel olarak daha yakına gelme davranışı izler. Bundan sonra üçüncü aşamada kişi hoşlandığı kimseye dokunmaya teşebbüs eder. Bu davranış çok kısa süreli, tesadüf görünüşlü, masum temaslardan cinsel birleşmeye kadar uzanan geniş bir yelpazeye yayılır.

C.M.Tramitz kısa bir süre önce tamamladığı 7 yıllık araştırmasının sonunda iki cinsiyet arasındaki yakınlaşmayı belirleyen sürenin ilk 30 saniye olduğunu söylemektedir. Bir başka psikolog K.Grammer'e göre bu süre 10 dakikaya kadar çıkabilmektedir.

İlk Dakikaların Önemi

Bir kadın ve bir erkek büyük çoğunlukla birlikte olup olmayacaklarına Tramitz'e göre ilk 30 saniyede, Grammer'e göre ise ilk 10 dakikada karar vermektedirler. Hiç şüphesiz bunun dışında kalan birçok ilişki vardır. İlk bakışta çok çekici gelen, yakınlaştıkça yavan bulunabilir; ilk bakışta hiç çekici gelmeyen yakınlaştıkça çekicilik ve değer kazanabilir. Ancak kadın-erkek ilişkilerinde büyük çoğunluk, kararını iletişimin ilk kurulduğu saniyeler veya dakikalar içinde vermektedir.

İletişimin kurulduğu ilk dakikalar içinde kadın ve erkek karşısındaki kişiyle ilişkisini derinleştirmeye değer olup olmadığına karar verir ve karşıdan gelen işaretleri beklemeye başlar. Bu işaretler de olumluysa, kadın ve erkek birbirlerine olan ilgilerini biraz daha açık olarak ortaya koyarlar ve ilişkilerini geliştirmek için yeni adımlar atarlar.

Araştırmaların ortaya koyduğu ilginç bulgulardan biri, insanları cinsel yönden harekete geçiren temel faktörün "güzellik" olmasıdır. Bu sebeple "güzel" lerin daha aranır ve izlenir olmalarını ve ısrarla karşılaşmalarını doğal görmek gerekir. Buna karşılık daha az güzel olanların, karşı cinsiyetten ilgi görebilmek için, kendilerinin aktif olmaları ve toplumsal olarak kabul görecek özellikler geliştirmeleri gerekmektedir.

Karşı cinsiyetten olan insanlarla ilişki kurmakta başarılı olanların temel özellikleri kur yapma işaretlerini başarılı bir şekilde göndermeleri ve gönderilen işaretleri de başarılı bir şekilde algılamalarıdır.

Sahiplenme

Bir topluluk içine beraberce giren kadın ve erkek, topluluktaki diğer kişilerin ilgisiyle karşılaşır. Partnerine gösterilen ilginin sosyal ilgi sınırlarını zorlaması, kişide bir rahatsızlık yaratır ve çevredekilerde "Onun sahibi benim" imajını yaratacak bazı hareketler yapmasına sebep olur. Erkek başkaları ile konuşurken onun yanına giderek kravatını düzelten (Resim 108), ceketinin üzerinden hayali bir iplik alan veya tozları silken kadın çevredekilere böyle bir işaret vermek amacını taşımaktadır.

Benzer şekilde erkeğin kadına sarılması (Resim 109), elini onun bedeni üzerinde tutması, onunla aşikâr bir temas içinde olması da çevredeki insanlara "sahipliği"ni gösteren işaretlerdir.

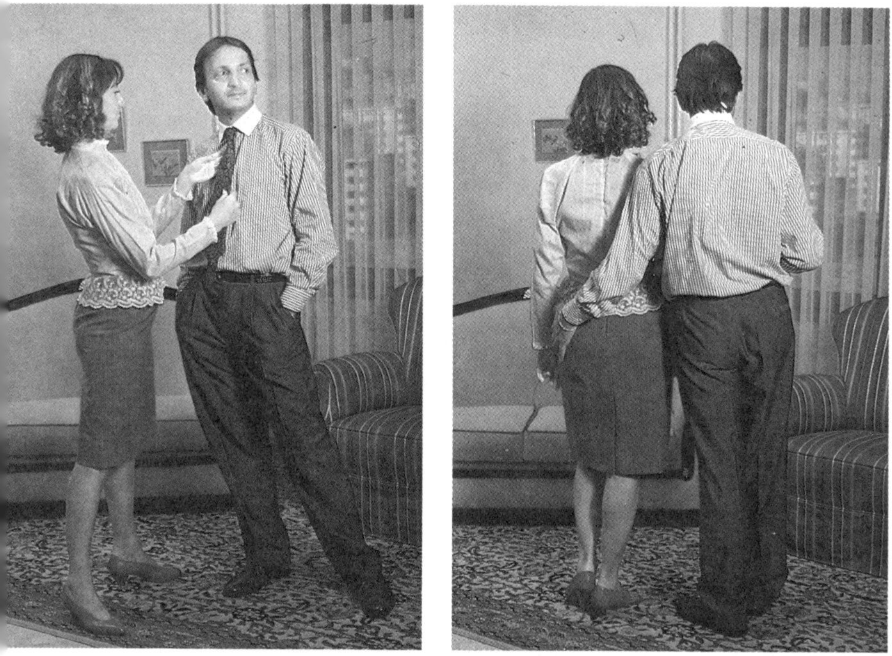

Resim 108/109 : Sahiplenme jestleri.

Kadınlarda Kur Yapma Davranışları Daha Baskın

Genel olarak yaygın inanç erkeklerin kur yapma eğilimlerinin daha fazla olduğudur. Oysa yapılan araştırmalar, tıpkı hayvanlar âleminde olduğu gibi insanlarda da çıkış noktasının kadınlar olduğunu ortaya koymuştur. Muhtemelen bu yüzden kadınlar kur yapma davranışları konusunda, erkeklerden çok daha fazla duyarlıdırlar. Bu özellikleri kadınlara kur yapma davranışlarını daha bilinçli düzenleme ve karşıdan gelenleri de algılama imkânı verir.

Belki de bu sebeple, yabancı bir topluluk içine partneri ile giren kadın, kendisi için hangi kadının tehdit edici olduğunu, erkeğin o kadınla arasında bir sempati köprüsü kurulmasından çok daha önce fark eder.

Kur yapma davranışı beraberliği mutlaka cinselliğe kadar götürmek amacını taşımayabilir. Ancak kabul etmek gerekir ki, müdürle sekreteri arasında veya bir kadın yönetici ile erkek yardımcısı arasında olduğu gibi, bütünüyle sosyal alanda kalsa bile, bu davranışlar bir ilgi belirtisidir.

Kadınların kur yapma davranışlarında yer alan işaretler, erkeklerden çok daha fazladır. Bazı kur yapma davranışları açık ve belirli olduğu gibi, bazıları da kesinlikle farkına varılmadan verilen silik, belirsiz veya örtük işaretlerdir.

Yapılan araştırmalar, cinsel olarak bir işaret alan erkek ve kadının göz bebeklerinin büyüdüğünü ortaya koymuştur. Ne yazık ki, bu kolay algılanabilir bir ipucu değildir.

Erkek ve kadınlara özgü ortak bir kur davranışı, kas geriminin artması, beden duruşunun dik bir duruma getirilmesidir. Bu sırada karın içeri çekilir, göğüs öne çıkartılır ve baş dik tutulur. Kadın ve erkek böylece kendilerine olduklarından daha genç ve enerjik bir görünüm vermiş olurlar.

İlgi duyulan kişiye omuz üzerinden yöneltilen yan bakış çok önemli bir işaret ve kur davranışıdır (Resim 110). Böylece kişi yüzü doğrudan ilgi duyduğu kişiye dönük olmadığı için çevredekilerin fazla dikkatini çekmeden onu izleyebilir. Bir insanın üzerindeki bir bakışı hissetmemesi çok uzak bir ihtimaldir. Bu sebeple izlenen kişi ya bakışlara bakışla karşılık verir veya kayıtsız kalır. Omuz üzerinden hafif yan bakışın kişiye sağladığı avantaj, karşılık gördüğü takdirde yakınlaşma çabalarını geliştirmesi, karşılık görmediği takdirde de gururu zedelenmeden ilgisini başka bir tarafa yöneltmesidir.

Yine her iki cinsiyete de özgü kur davranışı kişinin kendisine çeki-düzen vermesidir. Çeki-düzen verme davranışı, cinsiyetlere göre farklı biçimlerde ortaya çıkar.

Resim 110 *: Bir kur davranışı olarak omuz üzerinden bakış.*

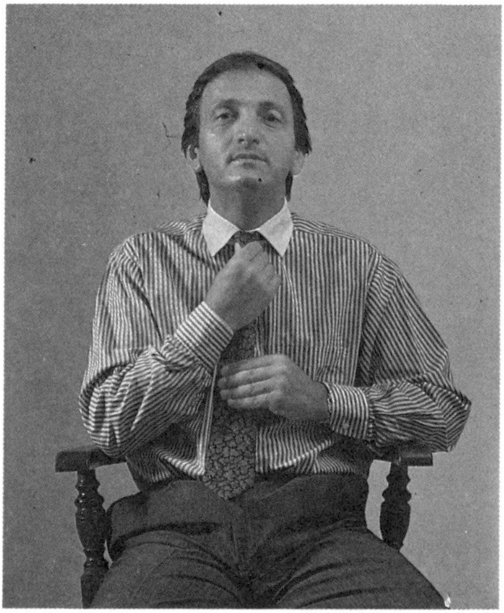

***Resim 111** : Kur davranışı olarak kravat düzeltmek.*

ERKEKLERE ÖZGÜ KUR DAVRANIŞLARI

Bir erkeğin kendisine çeki-düzen vermek konusunda temel davranışı, kravatını düzeltmesidir (Resim 111). Erkek kravat takmıyorsa yakasını düzeltir. Erkeğe özgü diğer çeki-düzen verme davranışları gömleğini, pantolonunu ve kemerini düzeltmektir (Resim 112). Bu hareketlerle birlikte erkekler çoğunlukla saçlarını – varsa bıyıklarını – düzeltirler.

Bu çeki düzen verme davranışını uzun süren bir bakış ve hafif bir gülümseme izler. Bedenin merkezi (göğüs) ve ayak uçları ilgi duyulan kişiye döner. Baş yukarı doğru kalkarken, hafifçe yana doğru eğilir. Erkek ayaktaysa, biraz önce anlatılan dik beden duruşuna içeri çekilmiş mide, dışarı çıkartılmış göğüs eşlik eder. Bundan sonra erkek sosyokültürel konumuna göre ellerini kalçasına koymak, başparmaklarını kemerine takmak veya ellerini pantolonun yan veya arka ceplerine sokmak seçeneklerinden bir veya ikisini seçebilir. Bu davranışların hepsi erkeğin bedeninin sınırlarını genişleterek, kendisini güçlü gösterme ihtiyacından kaynaklanır.

Erkeğin bacaklarını açarak oturması (Resim 113), kendini ve cinselliğini sergileme işaretidir. Böyle oturan bir erkek kendisine ve gücüne aşırı bir güven içindedir, bunu dış dünyaya teşhir ederek bir "davet" ve "meydan okuma" işareti vermektedir.

***Resim 112** : Kur davranışı olarak kemeri ile oynamak.*

***Resim 113** : Üstünlük ve kendini ortaya koyma davranışı.*

İstanbul'da insanların toplu olarak bulunduğu yerlerde yapılan araştırmada, Türk toplumunda ayak ayak üstüne atmadan, bacakları kapalı birbirine paralel olarak tutmadan rahat bir biçimde oturan erkeklerin oranının % 57 olduğu belirlenmiştir.

Erkeğin ilgi duyduğu kadına yan bakması, beyaz perdede oldukça abartılı bir biçimde Clark Gable tarafından kullanıldığı için, "Clark çekmek" olarak adlandırılmıştır.

KADINLARA ÖZGÜ KUR DAVRANIŞLARI

Kadınların da erkeklerle ortak bazı kur davranışlarına sahip olduklarını söylemiştik. Bunlar omuz üzerinden yan bakmak, saçları düzeltmek, kıyafetine çeki-düzen vermek, beden duruşunu dik duruma getirmek için mideyi içeri çekmek, göğüsleri öne çıkartmaktır. Bir veya iki elin kalçada durması da, meydan okuyucu ve kadının kendisini ortaya koyduğu bir davranıştır.

Uzun süreli göz temasının en temel kur davranışı olduğunu biliyoruz. Bazı kadınlarda buna yanaklarda beliren hafif bir kızarma eşlik eder. Yanaklardaki bu kızarma bir heyecan belirtisidir.

Kadınların kur davranışlarından biri, başın kısa ve ani bir hareketle geriye hareket ettirilmesi sırasında saçların arkaya atılmasıdır (Resim 114).

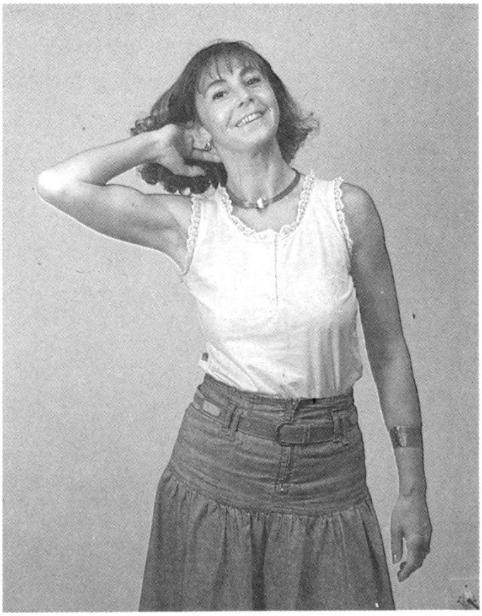

Resim 114 : *Kur davranışı olarak saç düzeltmek.*

Resim 115 : *Soldaki erkek ile kadının birbirlerine dönük kur davranışları. Erkek kravatını düzeltiyor, kadın elini bileğinden, bükerek avuç içini erkeğe yöneltiyor. Ortadaki erkek kendilerini sıkıntıyla izlerken flört eden erkek ve kadının bakışları ve bedenlerinin yönü davranışlarına eşlik ediyor.*

Kadını karakterize eden temel jestlerin en başında bileğin bükülerek avuç içinin gösterilmesi gelir. Erkekler bileklerini düz tutarlar, bu sebeple bir erkeğin bileğini bükerek avuç içini açığa çıkartması, kadınsı bir davranış olarak yorumlanır.

Resim 115'te iki kur davranışı görülmektedir. Erkek kravatını düzeltirken, kadın elini bileğinden bükerek avuç içini ortaya koymuş, bedeni ve bakışlarıyla da erkeğe yönelmiştir. Bu iki kişi, kendilerine çok yakın olduğu halde, aralarındaki üçüncü kişiyi bütünüyle dışlamışlardır.

Kadınlar özellikle sigarayı avuç içlerini gösterecek şekilde içerek, kadınca görünüşlerinin etkisini güçlendirirler.

Kırıtarak yürümek, çevredeki ilginin kadının en erotik bölgelerinden biri olan kalçalarında toplanmasına sebep olur. Bu sebeple kadının kırıtması çevredeki erkekler tarafından bir "davet" olarak yorumlanır.

Omuz üzerinden hafif yan bakış, birçok filmde cinsel çekiciliğini sergileyen kadın oyuncu tarafından erkeği baştan çıkartmak için kullanılır. Gerçekten de omzu üzerinden hafif kısık gözlerle bakan bir kadın birçok erkeğin yüreğinde ateşler yakabilir. Eğer kadın omuzları açık bırakan bir elbise giyiyorsa, bu bakışın etkisi daha da artar.

Filmlerde cinsel çekiciliklerini sergileyen kadın oyuncularda ve erkek okurlara yönelik olarak hazırlanan dergilerde sık rastlanan bir işaret de hafif aralık ve nemli dudaklardır. Dudaklar ya dille ıslatılarak ya da ruj gibi sürülen parlatıcılarla nemli hale getirilerek ilgi merkezi yapılır.

Uyarılan kadının cinsel bölgelerinde kan toplanarak kızarmaya sebep olur. Kadınların ruj sürerek dudaklarını kızartmalarının temelinde yatan gerçeğin bu olduğunu hemen hemen hiçbir kadın bilmemesine rağmen, İslamiyet'in getirdiği kısıtlamaya uyanlar hariç, bütün kadınlar ruj sürerler.

Kadına kadınca özelliğini veren, bunu çevresine karşı çeşitli nüanslarda kullanma imkânını sağlayan temel davranışlardan biri ayak ayak üstüne atmaktır.

Erkeklerin bacaklarının çoğunlukla açık oluşu, cinsel bölgelerini teşhirden, kadınların bacaklarının çoğunlukla kapalı oluşu cinsel bölgelerini koruma ihtiyacından kaynaklanır.

Bacakları açık tutmak erkeklerde meydan okumak, üstünlük, sınırlarını genişletmek, kendini kabul ettirme isteğidir. Kadınlarda ise bacakların açık tutulmasını, dış dünyaya yansıyan bir "davet" işareti olarak yorumlayanlar çoğunluktadır (Resim 116).

Hiç şüphesiz pantolon giymek kadınlara önemli ölçüde hareket serbestliği sağlamış olsa bile, etek giyen bir kadının bacaklarını kullanma biçimi onun cinsellik konusundaki rahatlık ve tabulara bağlılık derecesini ortaya koymak açısından çok önemli bir işarettir.

***Resim 116** : Davet.*

Bir bacağın alta alınarak ve dizin açıkta kalarak oturulması, kadının rahatlık ve güvenini yansıtır. Bu oturma biçimi karşı tarafı da rahatlığa ve formalitelere boş vermeye davettir. Sosyokültürel olarak üst sınıfta ender rastlanan bir davranıştır (Resim 117).

Kadının bacak bacak üstüne atmış olarak bir ayakkabısını ayağından çıkartarak, parmak ucunda sallaması yine çok rahat ve erkeği baştan çıkartmaya yönelik bir jest olarak kabul edilir. Bu davranışta ayrıca ayağın erotik bir obje olarak teşhiri söz konusudur (Resim 118).

Kadınların yine ilgiyi üzerlerine toplamak için bilinçli olarak uyguladıkları bir başka jest, bacak bacak üzerine atarak, bacakları paralel olarak bir yana uzatmalarıdır. Birbirine paralel olan bacaklar beden ağırlığını taşımadıkları için, kadın dik olarak oturmak durumunda kalır. Bu oturma kadının bütün çekiciliğini ortaya koyan çarpıcı bir görünüştür (Bkz. s. 98, Resim 88).

Bacaklarını büyük ölçüde ortada bırakacak şekilde kısa etek giyen bazı kadınlar bir rahatsızlık yaşarlar ve sık sık eteklerini çekiştirirler. Bu şekilde giyinen kadınlar böyle bir etek giyildiği zaman ortaya çıkacak görüntünün erkeklerin ilgisini çekeceğini bilirler ve seçimlerini bu ilgiyi sağlamak için yaparlar. Ancak bu ilginin aşikâr olarak ortaya çıkması onlarda rahatsızlık yaratır.

Kısa etek giymek, sonra da sık sık etek çekmek cinsel açıdan olgunlaşmamışlığın belirtisidir ve alt sosyokültürel düzeye ait bir davranıştır. Bu sebeple kısa etek giymek isteyenlerin konunun bu yönüne dikkat etmeleri ve çevreye kendileriyle ilgili verdikleri mesajın farkında olmaları doğru olur.

Resim 117 : *Kuralları umursamayan bir rahatlık.*

Resim 118 : *Ayakkabının parmak ucunda sallanması ayağın erotik bir obje olarak teşhiridir ve davet edici bir davranıştır.*

Resim 119 : *Bu bölümü okuduktan sonra bu resimde yer alan kaç kur davranışı olduğuna siz karar verin.*

Kadının elinde yuvarlak, uzun, silindir biçiminde bir obje bulunması, Freudçu psikologlar tarafından kadının zihninde daha farklı bir objenin varlığı olarak yorumlanır. Eğer kadın elini ayaklı bir şarap bardağının uzun sapı boyunca ritmik olarak gezdiriyorsa, bu kanaat güçlenir. Özellikle kadının ağzına götürdüğü silindirik objelerle uzun süreli temasları bu yönde değerlendirilir.

Bazı modellerin veya cinselliğini sergileyen artistlerin bu yorumu haklı çıkartacak aşırı vurgulamaları olur. Bu amaçla kullanılan objeler arasında ilk akla gelenler sigara, ruj ve kalemdir.

Resim 119'da çok sayıda kur davranışı bir arada görülmektedir.

Kendinizi Nasıl Sunmak İstiyorsunuz?

Kadınlar için ne kısa etek giymek bir kusur, ne de uzun etek giymek bir meziyettir. Önemli olan seçilen kıyafetin kişinin içinde bulunduğu ortamla uyuşması ve kendi amaçlarına hizmet etmesidir. Bu da insanın kendini nasıl sunmak istediğiyle ilgilidir.

Yapılacak olan bir iş görüşmesine, dizkapağının bir karış üzerinde etek veya göğüslerini hafifçe ortaya çıkaracak bir bluz giyip, çok renkli ve çarpıcı bir makyaj yaparak gelen genç bir hanım, kendisini cinselliği ile sunmak istediğini düşündürür. Çünkü vitrinine cinsel açıdan çağrışım yaptıracak bir özelliğini koymuştur. Eğer kendisini cinselliği ile sunmak istiyorsa, giyim konusundaki seçimi yerindedir. Ancak bu genç hanımın amacı meslek kalitelerini ve zihinsel yeteneklerini ortaya koymaksa, giyiminde cinselliğini ön plana çıkartmayan bir seçim yapması daha yerinde olur. Çünkü zaman zaman bu şekilde giyinen kişilerden "benim meslekle ilgili yeteneklerimle ilgilenmek yerine bacaklarımla ilgilendiler" şeklinde şikâyetler duyulur.

Unutmamak gerekir ki, insanlar da mağazalar gibi vitrinlerine kendilerini temsil eden ve kendilerince önemli olanları koyarlar. Bunu akılda tutmakta ve özellikle ilk kez karşılaşılan kimselerle kurulan ilişkilerde kişinin kendisini hangi özellikleriyle ortaya koymak istediğini gözden geçirmesinde ve yeniden düşünmesinde yarar vardır.

Aşk İnsanı Gençleştirir ve Güzelleştirir

İnsanlar birisine âşık oldukları zaman bu onların dış görünüşlerine de yansır. Duygusal açıdan uyarılmış olmanın bedene yansıyan görüntülerinin başında beden duruşunun (postür) dik olması gelir. Kas gerimi bütün bedende artar karın içeri çekilir ve omuzlar dik duruma gelir. Kas gerimindeki bu artış kişinin daha enerjik, dinç ve daha genç bir görünüm kazanmasına yol açar.

Yapılan araştırmalar âşık olan kişilerin tenlerinin, saçlarının ve gözlerinin parlaklığının arttığını ortaya koymuştur. Hormonal değişikliklerin sebep olduğu bütün bu farklılıklar âşık olan kişinin daha güzel görünmesini sağlar.

KİŞİLİK ÖZELLİKLERİNE GÖRE KUR DAVRANIŞI

İnsanlar düşünen canlılardır. Bu sebeple bireyin düşünce biçiminin, onun kur yapma davranışını da etkilemesi çok doğaldır. Örneğin içedönük ve dışadönük kimselerin bu açıdan oldukça farklı düşündükleri ve dolayısıyle farklı davrandıkları bilinmektedir.

Dışadönük insanlar değişiklik ve çeşitlilikten hoşlanırlar. Dışadönükler başka insanlarla birlikte olmaktan zevk alırlar ve daha çok fevrî (o anın etkisi altında kalarak) hareket ederler. Buna karşılık içedönükler değişiklikten hoşlanmazlar, sükûneti ve sabitliği severlerler.

Yapılan araştırmalarda dışadönük kişilerin içedönüklere kıyasla daha çok flört ettikleri, daha çok cinsel beraberlik içinde oldukları ve daha doyumlu bir cinsel hayata sahip oldukları ortaya konmuştur. Bu araştırmalardan birini yürüten ünlü psikolog H.J. Eysenck, içedönük kişilerin cinsellikle ilgili olarak hissettikleri suçluluk duyguları sebebiyle kendilerini engellediklerini ve bu sebeple cinsel hayatlarında bazı güçlüklerle karşılaşabileceklerini söylemiştir.

Konuya bu bilgilerin ışığında yaklaşınca, dışadönük kimselerin daha aşikâr kur yapma davranışları gösterdikleri, içedönüklerin ise daha belirsiz ve örtük olanları tercih ettikleri düşünülebilir.

Bazı erkekler cinselliğini sergileyen "dişi kaplan" tipindeki kadınlardan, bazıları da masum bir baştan çıkarma işareti veren "yumuşak kedi" tipindeki kadınlardan hoşlanır.

Benzer şekilde bazı kadınlar tercihlerini çevredeki kadınların ilgisini çeken, gözleri dış dünyaya dönük erkekler yönünde kullanırken, bazıları da bulundukları toplulukta kendilerini kolayca fark ettirmeyecek olanlar yönünde kullanır.

Bu sebeple önemli olan, kişilerin yaptıkları tercihlerin kendilerine getirecekleri muhtemel sonuçlardan haberdar olmaları ve bu konuda önlemlerini alıp, hazırlıklı bulunmalarıdır.

Yalan, Samimiyetsizlik, Şüphe ve Tereddüt

GERÇEK DUYGULARIN GİZLENMESİ

Beden dili ile ilgili olarak yaptığımız seminerlerde, en çok ilgi çeken ve katılımcıların en çok bilmek istedikleri konuların başında insanların yalan söylerken davranışlarında meydana gelen değişikliklerin anlaşılması geliyordu. "İnsan yalan söylerken ne yapar?" veya "Bir insanın yalan söylediğini nasıl anlayabilirim?" sorusu bu seminerler sırasında en çok sorulan sorulardan biriydi. Bu sebeple bu konuyu ayrı bir başlık altında toplamayı ve konuyla ilgili yapılan araştırmaları, bu araştırmalardan elde edilen bilgileri ve en önemlisi bu bilgilerin geçerlilik derecelerini özel bir bölümde toplamayı uygun bulduk.

Sosyal hayatta birçok durumda, insan kendi gerçek duygularını gizlemek ister, ancak herhangi bir biçimde kendisini ele verir. Bir topluluk içinde kişi sinirli, gergin ve hatta korkuyor olabilir fakat yüzüne iliştirdiği bir gülümsemeyle mutluluk maskesi taşıması mümkündür. Dikkatli bir gözün algılayabileceği bazı küçük ipuçları iç ve dış dünyalar arasındaki bu farkın anlaşılmasına yardımcı olur.

İnsanlar yalan söyledikleri zaman en başarılı şekilde kontrol ettikleri, yüz ifadeleridir. İnsan en çok mimiklerinin farkında olduğu için yalan söylerken en çok ve en iyi yüzünü kontrol eder. Çünkü insan yalan söyleyeceği zaman yüz mimiklerini kontrol etmek için bilinçli bir çaba harcamaktadır. Hiç şüphesiz çok dikkatli bir gözlemci veya uzman için yalan söyleyen biri mimikleriyle de çok sayıda ipucu vermektedir. Ancak genel olarak düşünüldüğünün aksine, *bir kişinin yalanını yüzüne veya gözüne bakarak anlamak pek kolay değildir.*

Yalan Çeşitleri

İnsanların birbirlerine söyledikleri yalanları dört grupta değerlendirmek mümkündür. Birinci grupta kişinin söylediği yalanın, karşısındaki tarafından bilindiği fakat karşı çıkılmadığı "ortak-yalan"lar vardır.

Kendisine yapılan akşam yemeği önerisinden hoşnut kalmayan hanım, daveti yapan kişiye "işim var" veya "başkasına sözüm var" der. Bunu söylerken karşısındakinin söylediği yalanı anladığını bilir. Ancak iki taraf için de durumun bu şekilde algılanması uygundur. Daveti yapan kişi, konuyu mazeret yönünde geliştirebilir ve şehir hayatında herkesin programının kaçınılmaz olarak çok yüklü olduğunu söyler. Bu şekildeki "ortak-yalan"lar insanların gündelik hayatlarında önemli bir yer tutar.

İkinci grupta yer alan yalanlar, doğrusu ortaya konamayacağı için karşı çıkılmayan yalanlardır. Buna örnek eşi kendisini terk eden birinin bir kokteyl partide mutlu bir görüntü sergilemesidir. Bu kişi beraberliğini bitirmekten ötürü çok mutlu olduğunu ifade eder ve dinleyenler bunun doğru olmadığını bilirler. Ancak buna kimse karşı çıkamaz. Bu kişi gece boyunca izlenecek olursa, söyledikleriyle iç dünyası arasındaki çelişkiyi ortaya koyacak birçok açık verebilir. Ancak bu yalanın ortaya çıkması kimseye yarar sağlamayacağı için, kimse konunun üzerine gitmez.

Üçüncü grupta profesyonel yalancıların söyledikleri yalanlar bulunur. Burada "profesyonel yalancı" tanımı "mesleği gereği yalan söylemek zorunda olan" anlamında kullanılmaktadır.

Diplomatlar, politikacılar, avukatlar, reklamcılar, halkla ilişkiler şirketlerinin temsilcileri, falcılar, sihirbazlar, eski eşya satıcıları (antikacılar) için yalan bir hayat biçimidir. Bu kimseler, karşılarındaki kişilere konuyla ilgili olarak sadece onların hoşlarına gidecek olanları söylemekte çok ustadırlar.

Bu kimseler yalan söyleme becerilerini öylesine geliştirip parlatırlar ki, insanlar bu yalanları duymak için can atarlar, teşvik ederler ve bundan mutluluk duyarlar. Bu grupta yer alanlar yalan işaretlerinin çok azını gösterirler.

Dördüncü grupta ise, işi yalan söylemek olmayan sıradan insanların söyledikleri ve kendilerine yarar sağlayan küçük veya büyük yalanlar gelir. Bunlar fark edildiği zaman "yalan" diye adlandırılan "adi yalan"lardır.

Kitapta daha önce yer verdiğimiz önemli bir gerçeği burada bir kere daha hatırlatalım: "İnsan ağzıyla yalan söyleyebilir ancak bedeniyle asla". Bu sebeple söylediğinde dürüst olmayan birinin, davranışlarıyla sözlerinin doğru olmadığı konusunda bazı ipuçlarıyla kendisini ele vermesi kaçınılmazdır.

YALAN İŞARETLERİ

Yalan söylerken insanların davranışlarında gözlenen farklılıklar çok sayıda araştırmaya konu olmuştur. Bu araştırmalardan çıkan sonuçlar şöyle özetlenebilir:

1- *Yalan söyleyen kişilerin elleriyle yaptıkları jestler azalmaktadır.* Normal olarak el jestleri ifadeyi güçlendirmek amacıyla yapılır. Kişi büyük çoğunlukla konuşulan kelimelerin anlamını artırmak için yaptığı el hareketlerinin farkında değildir. İnsan konuşurken elini "salladığı"nı bilir ancak ellerinin gerçekte ne yaptığını bilmez.

Ellerinin bir şeyler yaptığını bilmek, ancak ne yaptığını tam olarak bilmemek kişiyi şüpheye düşürür ve böylece ellerin hareketleri azalır. Belki de insan içinde yaşadığı çelişkiden ötürü ellerinin kendisini ele vereceğinden çekinir ve ellerini ya cebine sokar, ya üzerine oturur veya bir eliyle diğerini tutar. Bu kendi kendine temas zor zamanda anne elinin tutulması yerine geçerek, iç gerginliği de hafifletir.

2- *Yalan söyleyen kişinin elini yüzüne götürme ve yüz çevresine değdirme sayısı artmaktadır.* Bir konuşma sırasında insan elini arada sırada yüzüne götürür. Ancak kişinin samimi olmadığı bir görüşme sırasında bu jestin sayısında çok büyük ölçüde artış görülmektedir. Elin yüze gitmesi sırasında yapılan hareketler çeneyi tutmak, dudaklara bastırmak, ağzı örtmek, burna değmek, yanağı ovuşturmak, gözün altını kaşımak, kulak memesini çekmek ve saçla oynamaktır. Bir yalan sırasında bütün bu jestlerin sayısında artış görülmekle beraber *ağzı örtmek ve burna değmek jestlerinde âdeta patlama olur.*

İnsan yalan söylerken neden ağzını kapatır? Bunu tahmin etmek çok zor değildir. İnsan ağzından çıkacak kelimeleri tutmak ve yaptığını örtmek ihtiyacındadır.

Elin ağzı örtmesi çeşitli biçimlerde olur. Parmaklar dudakların üzerinde trampet çalabilir, işaret parmağı üst dudak üzerinde durabilir veya el ağzın hemen yanında durabilir.

Çocuklar yalan söylerken elleriyle ağızlarını kapatırlar. Hiç şüphesiz yetişkinler için elin ağza gitmesi, kişinin yalan söylediği konusunda tek belirleyici hareket değildir. Kişi söylediği konusunda tereddüt içindeyse, hata yapmaktan korkuyorsa, zaman kazanmak istiyorsa da eli ağız çevresinde olabilir.

Bu sebeple elin burna gitmesi, ağzı örtmesine kıyasla daha gelişmiş, ince ve soyutlanmış bir harekettir. Ağızı örtmeye gelen el, hemen yukarda bulunan burna uzanır ve böylece daha sembolik ve stilize bir hareket yapılmış olur.

Yalan söyleyen veya ağzından çıkanlar konusunda yeterince samimi olmayan bir insanın elinin burnuna gitmesinin en önemli sebebi fizyolojiktir. Çünkü yalan söylediği sırada bir iç gerginlik yaşayan insanın bedeninde birçok fizyolojik değişiklik olur. Kan basıncının yükselmesi, kalp vurum sayısının artması, ter bezi faaliyetlerinin artması gibi yalan söylerken kaydedilen fizyolojik değişikliklerin yanı sıra burunda bir kaşınma duygusu yaşanır.

Coldoni'nin ünlü masalında yalan söyleyen Pinokyo'nun burnunun büyü-

Resim 120-124 *: Samimiyetsizlik, şüphe, tereddüt, güvensizlik ve yalan işaretleri.*

mesi sebepsiz değildir. Yazar son derece önemli bir gerçeği yakalamış ve abartarak çocuk literatürüne geçirmiştir.

3- *Yalan söyleyen bir insanın konuşurken beden hareketlerinde bir artış olmaktadır.* Yalan söylendiği zaman duyulan rahatsızlık ve huzursuzluk, özellikle otururken kişinin durumunda değişiklik yapmasına, oturduğu koltukta öne-arkaya veya sağa-sola hareket ederek, pozisyon değiştirmesine sebep olmaktadır.

Bu pozisyon değişikliğinin ardında büyük bir ihtimalle "Keşke başka bir yerde olsaydım" duygusu yatmaktadır.

Oturur durumda artan beden hareketleri televizyondaki açık oturum, panel veya sohbet türü programlarda sık sık görülmektedir. Özellikle "Kırmızı Koltuk" programında birçok konuk kendilerini güç durumda bırakan sorularda koltuğun sınırlarını zorlayan hareketler ve koltuk üzerinde mini gezintiler yapmaktadır.

4- Yalan söyleyen bir kişinin el jestleri azalırken, *el sallama hareketi artmaktadır.* Belki de böylece kişi elini silkme biçiminde hafif hafif sallayarak, sözleriyle ilgili sorumluluğun kendisine ait olmadığını anlatmak istemektedir.

5- Yalan söyleyen bir insanın yüz ifadesi büyük çoğunlukla normale çok yakındır. Bu alanda uzmanlaşmadan, bir kişinin mimiklerine bakarak yalan söylediğini anlamak çok güçtür. Yüz ifadesinde yalanı ele veren en önemli ipucu, *kişinin gözlerini sık sık konuştuğu kişiden kaçırmasıdır.*

İşaretlerin Geçerliliği

Bu araştırmalardan elde edilen bilgileri mutlak doğrular olarak değil, geçerliliği tekrarlanmasına ve izlediği sıraya bağlı —her şeyden önemlisi— kişinin içinde bulunduğu bağlamın değerlendirilmesiyle anlam kazanan bir anahtar olarak kabul etmek gerekir. Yukarıda sıralanan özelliklerin varlığı kişinin yalan söylediğini değil, yalan söyleme ihtimalinin olduğunu gösterir.

Bu araştırmaları sınamak için çalışmalar yapan başka araştırmacılar, yukarda sıralanan davranışların yalan veya samimiyetsizliği ortaya çıkartmak için kullanılacak anahtarın kendisi değil, ancak bir parçası olduğunu söylemektedirler.

Örneğin, bir konuşma sırasında birdenbire büyük bir suçlamayla karşılaşmamız durumunda, bocalamamız, birçok kere elimizi yüzümüze götürmemiz, oturduğumuz yerde huzursuzluğumuzu yansıtan hareketler yapmamız mümkündür. Bu durumda suçlamaları yerinde, savunmalarımızı da gerçek dışı olarak mı kabul etmek gerekir?

Benzer şekilde iş için mülakata çağrılan bir kişi, kendisine sorulan sorularla bunaldığı zaman elini birçok defa yüzüne götürebilir ve oturduğu yerde huzursuzluk işaretleri gösterebilir. Bütün bunların, adayın vereceği bilgilerin nasıl değerlendirileceğini bilememesinden ve hata yapmak endişesinden kaynaklanması da muhtemeldir.

Sıralanan sebeplerden ötürü bu işaretleri yalan söylemenin aşikâr delilleri olarak değil, beynimizin içindeki düşünceler ve gerçek duygularla, dış dünyaya yansıyan ifadelerin bir çelişkisi olarak kabul etmek daha yerinde olur. Bu çelişki gerçek bir yalan olabileceği gibi, samimiyetsizlik, tereddüt veya şüphe de olabilir.

Statü Sembolleri

VARLIK GÖSTERGELERİ

Statü göstergesi, üstünlük düzeyinin yansımasıdır. Sosyokültürel olarak alt basamaklara indikçe kas gücü, üstünlüğü ortaya koymanın tek aracı olur. *Statü, saygınlık ve yaşanan çevrede daha fazla hak sahibi olmak demektir.*

Modern toplumlarda kas gücü, yerini iki güce bırakmıştır. Bunlar, yönetme ve karar verme yetkisine dayanan güç ve yaratıcılığa bağlı güçtür.

İlkel toplumlarda statü beyaz saçlar, yüzlerde kırışıklık çizgileriyle sağlanırdı. İnsan ömrünün ortalama 30 yaş olduğu dönemde yaşlanmak bir ayrıcalıktı. Toplum düzeni tabiat olaylarının tekrarına dayandığı için, uzun yaşayan doğal olarak en çok bilen kişi olma özelliğine sahipti.

Ancak modern toplumlarda yaşlılığın kendisi bilginin ve statünün sembolü olmaktan çıkmıştır. Bugün statüyü sağlayan faktörler olarak şunlar kabul edilmeye başlanmıştır:

- Her türlü unvan
- Politik güç ve iş hayatının sağladığı pozisyonlar
- Varlıklı olmak.

Temelde bütün bu statü sembolleri maddi değerlerle ilgilidir ve kişinin toplumdaki konumunu belirler. İnsan parayla toprak alır, gücünü ve statüsünü pekiştirir. Unvan ancak sembolik olarak güç kazandırır. Görünüşte en büyük etki, paranın sağladığı güçle elde edilir. İnsan parayla büyük bir eve, gösterişli bir arabaya, pahalı elbiselere, değerli mücevherlere, gıpta edilen bir eşe sahip olabilir.

Gerçekte *statü sembolleri, insanın değerler sistemindeki yönelişini diğer insanlara gösterme isteğidir.* Statü sembolleri aracılığıyla kişi içinde bulunduğu çevredeki insanlara tercihlerini ve bunları elde etme derecesini gösterir.

Varlığın kullanılış biçimi kişinin bulunduğu çevredeki hiyerarşik konumunu belirler. Parası olan herkes pahalı elbiseler ve markalı aksesuarlara sahip olabilir. Ancak incelikli bir yaşama biçimi uzun yıllara dayanan bir eğitim, gayret ve birikimle kazanılır. Makamların, malların ve markaların dünyası, tek başlarına insanlığımıza ve kişiliğimize yapışan geçici değerlerdir. *Para varlıklı olmayı getirse de "var olmayı" içermez. "Var olmak", biçimsel özellikleri aşan birikimlere ihtiyaç gösterir.*

Kendi iç değerlerini yaratmanın zorluğu dış değerlere yönelmeye yol açar. Bu da sahip olduklarını başka insanlara göstermek şeklinde ortaya çıkar. *Karşısındaki kişilere aktarmaya değer duygu ve düşüncelere sahip olmadığını fark eden kişi bunu bazı maddi araçlarla yapmaya yönelir.*

Ürünlerin kalitelerini yansıttığına inanılan özellikler başkaları tarafından algılanacak şekilde sergilenir. Örneğin air conditionlı veya otomatik vitesli arabada bu özellikler arabanın arkasında yazılarak gösterilir.

Asalet Unvanı

Geçmişte Batı toplumlarında ve devrim öncesinde Rusya'da yüksek statüye sahip tek grup asalet unvanı sahipleriydi. Asalet unvanları ve servetler aileye aitti ve sonraki kuşaklara devredilirdi. Fransız Devrimi'nden sonra sömürgelerde ticaret yapanlar ve endüstri ile uğraşan burjuvalar da servet ve toprak sahibi olmaya başlayınca yüksek statü, asalet unvanı sahibi olmaktan daha farklı şeylere sahip olmaya doğru değişmeye başladı.

Osmanlı toplumunda Osmanlı Hanedan Ailesi dışında asalet olmadığı ve Türklerin elinde toplanan bir servet birikimi de bulunmadığı için genç Türkiye Cumhuriyeti'nde statü sembolü olarak, uzun süre kapısında şoförlü bir araba olan ahçılı ve hizmetçili bir evde yaşamak anlaşıldı. Türkiye'de 1970'li yıllardan sonra dünya standartlarına göre küçük çapta da olsa servet birikimi başlayınca parayı toprağa ve altına bağlamak yerine, statü sembollerine yatırım yapmak önem kazandı.

Bu sebeple günümüzde birçok kişi kas gücünün yerini paranın aldığını düşünse bile, bu ancak kısmen doğrudur. Çünkü çok düşük maaş alan bir politikacı, bürokrat veya meteliksiz biri bile temsil ettiği geçmişi, gücü ve yaratıcı becerileri sebebiyle çevresinden saygı görür.

Bugün ülkeleri yöneten kişiler, geçen yüzyılda olduğu gibi şatafatlı elbiseler giyip, göz kamaştırıcı bir tahtta oturmazlar. Ancak siyah Limousin türü arabalara biner ve kendilerine yaklaşılmasını imkânsız kılan body-guard kalabalığı ile dolaşırlar. Bu kimselerin yolları polis tarafından açılır ve çevredekilerin onları rahatsız etmeleri önlenir.

Geçmişteki asalet unvanlarının yerini bugün dünyada bir ölçüde akademik unvanlar almaya başlamıştır. İktidarın ve politik gücün sağladığı üstünlük ve unvan koltuktan uzaklaşılınca kaybedildiği için, kişiler güçlerini fahri doktor unvanlarıyla pekiştirmeye yönelmişlerdir.

Statü arayışı içinde olan toplumumuzda, gerçekte en önemli hiyerarşik unvan, askeri kaynaklı olan paşalık olduğu için ne yazık ki sivillere sunulamamaktadır. Bu sebeple unvanla statü arayışında olanlar generallik, paşalık ve komutanlık yerine akademik unvanlara yönelmişlerdir. Böylece bu unvanlar değerlerinin ve içerdikleri anlamların dışında dağıtılmaya başlanmıştır. Ordu mensubu olmadan "albay" rütbesi almak ne ölçüde anlamlıysa, üniversite mensubu olmadan, bu hiyerarşiye ait unvanları almak da aynı ölçüde anlamlıdır.

Bu konuda ülkemizde olan gelişme, bakan düzeyindeki bazı kişilerin, fahri doktora unvanıyla yetinmeyip politik güçlerini kullanarak oluşturdukları jürilerle "gerçek" bir doktor unvanı peşine düşmeleridir.

Akademik unvanların bir statü sembolü olarak taşıdığı değerin göstergelerinden biri de, iş adamlarının bu unvanlara sahip olmak için harcadıkları çabadır. Yüksekeğitim dahi görmemiş bazı işadamları, akademik kurumlarla girdikleri ilişkiler sonucunda elde ettikleri fahri doktora unvanlarına büyük önem vermektedirler.

IN-OUT UYGULAMASI

Devleti yönetenler düzeyinden bir basamak aşağı inildiği zaman "geçerli olanlar" (in) ve "geçersiz olanlar" (out) uygulaması başlar. "In" ve "out"lar sadece yüksek statüdekilere özgü eşya veya eylemlerdir. "In", bir içki, bir restoran, bir araba, bir tatil beldesi, bir giysi veya aksesuar markası ya da modeli olabilir. *Gerçekte "in", "in" olanı bilecek ve bunu elde edebilecek olan yüksek statüdekiler arasında oynanan bir oyun ve yaşanan rekabettir.*

"In" olanların çok fazla reklamı yapılmaz. "In" olanlar sessizce ve fazla gürültü edilmeden sadece ilgili kişiler arasında paylaşılır. Sınırlı bir sosyal çerçevede kalmasına rağmen, bu çembere yakın olan ancak dahil olamayanları etkiler ve bu da yeterli sayılır. "In" olanlara özenenler, "in"in ne olduğunu anlayana ve onu elde edene kadar, "in", "out" olur ve buna sahip olana veya yapana özlediği statüyü kazandırmaz.

Servet Fısıldar, Zenginlik Bağırır

"In" grubu içinde yaşayanlar, yayınlara konu olmaktan "kaçınır fakat bunu başaramaz" gözükürler. Böylece taklit edilir durumda olur, toplumda moda açısından lider konumuna gelirler.

Tıpkı geçmişte hanedan üyelerinin yaptığı gibi, çok yüksek statünün ölçülerinden biri de her zaman ortada bulunmamaktır. Her zaman ortada olmak ve devamlı gazetelere konu olmak "görgüsüzlük" olarak kabul edilir. Bu kimselerin bindikleri arabalarda perde veya içeriyi göstermeyen camların kullanılması, "görülmeme" isteğinden kaynaklanmaktadır.

Varlığı geçmişe dayanan bir aile, varlığının kendisine sağladığı kolaylık ve rahatlıkları yaşarken, bunu kaçınılmaz olarak tanık olacakların dışında kalanlara göstermemeye gayret eder. Oysa varlığını kendi hayat süreci içinde elde edenler, mümkün olan en çok kimseye bu varlığı gösterme isteğiyle yanarlar. Bu durumu halk arasındaki "Servet fısıldar, zenginlik bağırır" sözü büyük bir isabetle açıklamaktadır.

Yüksek statüdeki insanların ev ve işyerlerinde statülerini yansıtan yüzlerce ayrıntı vardır. Bu ayrıntılar, dış dünyadan gelenler için hiçbir anlam taşımayabilir, ancak aynı çevreden olan insanlar bu göstergelerden büyük ölçüde etkilenirler.

Yüksek statünün önemli göstergelerinden biri evinde veya işyerinde orijinal sanat eserleri ve nadir eşyalar bulundurmaktır. Uzak diyarlardan gelmiş el işi eşyalar, antikalar veya sanat eserleri bunlara sahip olanın sanat anlayışını, ince zevkini ve parasal gücünü temsil eder.

STATÜ GÖSTERGELERİ

Ayakkabı

Statü belirleyici rolü açısından, Türkçe'de kullanılan "Dost başa, düşman ayağa bakar" atasözü önemli bir ipucu oluşturur. Buradaki "düşman" kelimesini gerçek anlamda düşman yerine, "eleştirici gözle bakan" anlamında düşünmek daha yerinde olur.

Yüksek statünün günlük hayata yansıyan önemli bir göstergesi, kişinin giydiği ayakkabıdır. Böyle bir kişinin ayağındaki ayakkabı her zaman yeni ve çok kalitelidir.

Ayakkabının markalı ve her zaman yeni oluşu bir statüyü belirtirken, yıpranmış ve cilasız oluşu da bir başka statüyü belirtir. Bu şekilde pek çok sınıflama yapmak mümkündür.

Telefon

Yüksek statüyü belirleyen bir başka gösterge işyerindeki telefon sayısı ve bunların kullanılma biçimidir. Böyle bir odada birden fazla —çoğunlukla— gereğinden fazla telefon bulunur. Bu telefonlardan biri mutlaka farklı bir renktedir ve herkese açık olmayan özel bir numaraya sahiptir. Bir keresinde önemli bir avukat olan dostumuz, aramamız için bize telefon numaralarını verirken kendi telefon defterimizde ona ait olan numaranın bulunduğunu söylediğimizde, elektrik şoku verilmiş gibi irkilmiş, o numarayı nasıl bulduğumuz konusunda hayretini abartılmış bir şekilde ortaya koymuş ve bunun çok özel olduğunu defalarca tekrarlamıştı. Oysa onun çok özel sandığı numara, PTT'nin bilinmeyen numaralar servisi tarafından verilmişti.

Bir başka statü göstergesi, yüksek statülü kişinin bir sekreter aracılığıyla telefon etmesi veya ona gelen telefonların muhatabının bir sekreter olmasıdır. Bazı durumlarda verilen talimatlar daha uzun bile sürse yüksek statülü kişiye basit bir el işini yapmak yakışmaz.

Telefon oyunu bu kadarla bitmez. Yüksek statülü iki kişinin sekreterleri birbirlerini bulunca, önce kimin konuşarak, karşıdaki sekretere muhatap olacağı bir başka "güç oyunu"dur. Telefona en son çıkarak karşıdaki kişiyi sekreterine muhatap ettiren oyunu kazanmış sayılır.

Telefon oyunu son zamanlarda arabalara uzanmıştır. Arabadan telefon etmek, "Bakın görün ben ne kadar meşgul bir insanım" anlamına gelir. Araba telefonunun dışarıdaki anteni bile bir ayrıcalığın işaretidir. ABD'de bir şirket, taklit araba telefon anteni pazarlayarak çok büyük satış yapmıştır.

Çanta

Statüyü yansıtan önemli bir gösterge de, kişinin taşıdığı çantadır. Alt düzey yöneticiler ayrıntılarla ilgilenmek zorundadır. Yüksek statü, kişiye ayrıntılarla ilgilenmeme ayrıcalığını verir.

Bu sebeple ayrıntılarla boğuşan alt düzey yöneticiler kalın ağır ve hantal çantalar taşırlar. Gerçek bir "yüksek üst düzey" yöneticisi sadece "hayati konularla" ilgilendiği için ancak bunlarla ilgili "hayati belgeleri" çantasında bulundurur. Bu çanta da şifreli kilidi olan, çok ince ve son derece pahalı bir çantadır.

Daha da "yukarılarda" yaşayanlar hiçbir şey taşımazlar. Bu düzeyde yaşayan insanların dünyasında elinde işle veya başka bir konuyla ilgili herhangi bir şey taşımak tam anlamıyla tabudur.

Koltuklar

Statü mücadelesinde işyerindeki oturma düzeni önemli bir yer tutar. Oturulan koltukların boyu, yüksekliği ve koltukların birbirlerine olan uzaklığının hepsinin özel bir anlamı vardır.

Kişinin oturduğu koltuğun arkalığı yükseldikçe statü yükselir. Yüksek arkalıklı ve tekerlekli koltuklar en yüksek statüyü işaret eder. Böyle bir koltuğun karşısına yerleştirilen pahalı, deri fakat oturan kişinin içine gömüldüğü koltuklar ziyaretçiyi alçakta bırakır. Böylece rahatlık ve konfor sağlama görünümü altında ziyaretçi alçaltılmış olur. Bu alçak oturuş, özellikle çıkarların tartışıldığı bir konuşmada ev sahibine önemli bir avantaj sağlar.

Zaman Darlığı - Hizmet Fazlalığı

Üstünlük işaretlerinin ve ayrıntıların büyük önem ve anlam taşıdığı bir dünyada iki değişmez ilke vardır. Bunlardan biri zamanla, diğeri hizmetle ilgilidir.

Yüksek statülü bir insanın daima ihtiyaç duyduğundan daha az zamanı vardır. Böyle bir kişi inanılmaz ölçüde meşgul gözükür. Yardımcılar ve ziyaretçiler hep beklemek zorundadır, günlük program defteri hep doludur, görüşmeleri hep kısa tutmak zorunluluğu vardır. Yüksek statülü kişi koltuğundan uzaklaştığı zaman can sıkıntısından patlasa da, koltuğuna oturduğu zaman saat farklı bir hızla döner.

Gerçek bir üstünlük gösterisi açısından hizmet daha önemli ve hayati bir göstergedir. Yüksek statülü kişinin içeceği bir bardak su bile, çok kere özel bir hizmetli tarafından getirilir. Bazı yerde bu tür ikramlar özel sekreter tarafından büyük bir saygıyla sunulur.

Araba

Hizmetin bir üstünlük aracı olarak ortaya çıkarttığı en önemli gösterge şoförün kullandığı bir arabaya binmektir. Bu aynı zamanda kapının açılıp, kapanması, kişinin telefonlarını etmesi, okuması ve gündelik trafikteki güçlüklere, haddini bilmez sürücülere muhatap olmaması, park yeri problemleriyle uğraşmaması gibi yan avantajlar sağlar. Bütün bu sebeplerle şoför tarafından kullanılan bir arabaya binmek üstün ve güçlü gözükmenin en önemli işaretlerinden biridir.

Temiz bir arabaya binmek de bir başka statü işaretidir. Yüksek statülü kişiler en yağmurlu havalarda bile tertemiz bir arabaya binerler.

Arabanın büyüklüğü ve araba modelinin yeniliği, kişinin güç ve saygınlığını artırır. Kontrol noktalarındaki güvenlik görevlilerinin ve polislerin büyük, gösterişli ve pahalı arabalara karşı daha hoşgörülü veya en azından çekingen ve temkinli oldukları bilinir.

Bu konuda yapılan bir araştırma, trafik lambası yeşile döndükten sonra arkada bekleyenlerin eski model arabalara karşı, pahalı ve yeni arabalara kıyasla daha sabırsız olduklarını; eski ve bakımsız arabaları, daha kısa zamanda korna çalarak protesto ettiklerini ortaya koymuştur.

Bundan başka çeşitli durumlarda kullanılacak farklı arabalara sahip olmak da güç ve zenginliğin bir ifadesi olarak algılanır. Örneğin bir işadamı olan dostumuz şehir içinde yeni model yerli bir araba ile dolaşırken, SEKA'daki kâğıt tahsisi problemini çözmeye son model siyah Mercedes arabası ile gitmekte ve böylece kapıcının kendisini durdurmak konusunda cesaretini kırarak kapıdan başlayan bir üstünlük gösterisi sergilemektedir.

Son yıllarda şehir içinde, arazi için yapılmış pahalı jipleri bizzat kullanmak da bir statü işareti olarak algılanmaya başlamıştır.

Ev

Modern toplumlardaki en önemli iki statü göstergesinden biri kullanılan araba ise, diğeri de oturulan evdir.

Türk toplumunda bundan 30 sene önce apartman katında oturmak bir statü göstergesiydi. Bugün bahçe içindeki bir evde yaşamak; büyük şehirlerde yol üzerinde bir evde oturmak yerine, yeni anlayışla düzenlenmiş bir site içinde oturmak statü işareti sayılmaktadır.

Geleneksel toplum yapısı göç etmek esası üzerine kurulduğu için, Türkiye'de yaşanılan mekâna özen göstermek yakın zamanda gelişmeye başlamıştır. Bu sebeple sadece özenle döşenmekle kalmayıp, iyi düzenlenmiş ve bakımlı bir çevre içinde yaşamak da önem kazanmıştır.

Yemek Yeme Davranışı

Bugün temsil ettiği güç her ne olursa olsun, kişinin geçmişi ile ilgili en doğru bilgiyi veren işaret "yemek yeme biçimi"dir. Yemek yeme alışkanlığı çok küçük yaşta, aile içinde kazanılan bir alışkanlıktır. Bu sebeple zaman içinde kişi, maddi göstergelere ne boyutta sahip olursa olsun yeme davranışının değiştirilmesi çok zordur.

Çatalı kaşık gibi sapından kavrayarak tutmak, bıçağı kullanmakta zorluk çekmek ve çatalı hemen sağ ele alma ihtiyacı, uygun araçlar olduğu halde yiyeceği elle tutmak, ağızdan —küçük de olsa— ses çıkartarak yemek, büyük lokmalarla yemek, ekmeği ağızla kopartmak diğer göstergeleri ne olursa olsun kişinin kökeni ve aile yapısı ile ilgili önemli ipuçları verir.

Çatal bıçakla, küçük lokmalarla, ağzından hiç ses çıkartmadan, masaya, çevreye ve üstüne dökmeden yemek, kişinin aile sofrasındaki yemek düzeni konusunda fikir veren ve sonradan kazanılması oldukça zahmetli olan önemli birer işarettir.

Yaratıcılar

Devlet kademelerinde ve iş dünyası çerçevesinde yönetici olmadıkları ve buna bağlı yüksek statü göstergelerine sahip olmadıkları halde saygı ve itibar gören ve yüksek statü atfedilen bir başka grup da "yaratıcı"lardır.

Bu grupta yer alanlar maddi güçleri ne olursa olsun, saygı gören sanat ve bilim adamlarıdır. Bu insanlara statü kazandıran verdikleri eserlerdir. Besteci müziğini, yazar romanını, heykeltıraş heykelini, ressam resmini, bilim adamı araştırmalarını, mimar eserini ortaya koyar. Bu kimseler maddi varlıkları ile değil, ortaya koyduklarının niteliğiyle ve bireysel tavırlarından çok, sosyal tavırlarıyla değerlendirilirler.

Desmond Morris'e göre, bir önceki grupta yer alanlar öldükleri zaman onlarla ilgili her şey biter, ancak yaratıcı insanlar ölse de, bu kimseler eserleriyle hatırlanırlar. Bu özellik yaratıcı insanlara, diğer statü göstergelerine bağlı kalmaksızın yaşama avantajını verir.

Bazı durumlarda bu kimselerin alışılmış statü göstergelerine "boş vermiş"likleri bir statü işareti yerine geçebilir.

Sonuç

Yüksek statü göstergelerinin hepsine sahip çok az kişi vardır. Bu sebeple büyük çoğunluk derece derece yukarıdan aşağıya doğru sahip olduklarının niteliği ve niceliğine bağlı olarak sıralanırlar, gerçek statü göstergelerine sahip olmayanlar da yerine göre taklit eder.

Bu kimseler pahalı sanat eserlerine sahip olmaya güçleri yetmezse, taklitlerini satın alırlar. Böyle bir kimse karısına gerçek inci yerine taklit inci; vizon kürk alamıyorsa, tavşan kürk alır. Markalı saatin yerine taklidi kullanılır. Böylece bütün insanlar çevrelerindekilerden farklı bir şeylere sahip olmaya çalışırlar. Moda kelimesi en çok tekrarlanan anlamına gelen "mod" kelimesinden türetilmiştir. İnsanlar modaya uyarak hem en çok tekrarlananı yaparak, hem de böylece farklı olmaya çalışarak, çözümü mümkün olmayan ciddi bir paradoks yaşamaktadırlar.

Bazı eşyaların bir büroda bilinçli bir şekilde kullanılması, odayı kullanan kişinin gücünü ve itibarını yükselten ipuçları olarak, insanları etkiler.

- Ziyaretçiler için daha alçak koltuklar
- Odanın sahibine ait duvara asılmış çok sayıda ödül, sertifika, diploma, teşekkür belgeleri
- Masanın üzerinde yerleştirilmiş ve üzerinde "son derece gizlidir" yazılı kırmızı dosyalar
- Şifre kilitli ince bir çanta
- Ziyaretçinin ulaşamayacağı uzaklığa yerleştirilmiş olan pahalı bir kül tablası
- Sanat eseri görünümünde sigaralık

Bu özellikleri taşıyan bir odaya giren insanlar farkında olarak veya olmayarak bu ipuçlarından etkilenirler. Bu tür bir ortamda bulunan ziyaretçiler daha dikkatli olurlar ve böylece kontrol odanın sahibine geçmiş bulunur.

Yapılan çeşitli araştırmalara göre, "Zenginlerin zamana dirençli 'In'leri " de olarak adlandırılabilecek olan statü sembolleri şunlardır:

- Kendi işini kurmak
- Sık sık seyahat etmek (Bu seyahatlerin bir bölümünün Bahama Adalarında Mavi Geziler gibi olması veya Dünya'nın az bilinen yerlerine yapılması özel önem taşır.)
- Kültür ve Sanat Vakıfları Kuruculuğu, yöneticiliği veya hamiliği
- Pahalı mağazalardan alış-veriş
- Markalı giyecekler
- Uçakta first-class uçma
- Özel üretilmiş arabaya binmek
- Araba telefonu
- Özel kulüp üyelikleri
- Tekne sahibi olmak.
- Orijinal sanat eserlerine sahip olmak

Kazanmanın ve harcamanın en önemli değer haline geldiği, kişisel çıkarların toplumun çıkarlarının önünde gittiği günümüzde, toplumun her düzeyinde insanlar çevrelerindeki kendi eşitlerinden farklı olmaya gayret etmektedirler. Her düzeyde insanlar kendilerince önemli olan ve kendilerini diğerlerinden üstün tutacak veya en azından aşağıda göstermeyecek statü sembollerine yatırım yapmaktadır.

Bu yöndeki toplumsal eğilimin bireylere zarar verme noktası, statü sembollerine yapılan yatırımın kişisel gelişim için harcanan çabanın önüne geçmesidir. Kişinin statü sembollerine yaptığı yatırım ve buna ayırdığı zaman ve enerji, kişisel gelişimin önüne geçmeye başlarsa, bu durum görgüsüzlükten, gösterişe; kişisel eksikliklerini yaldızlamaktan, aşağılık kompleksini örtmeye kadar çeşitli biçimlerde yorumlanabilir.

Daha İyi İnsan İlişkileri Kurabilmek İçin...

ÇEVREDE OLUMLU İZLENİM YARATACAK BEDEN DİLİ ÖZELLİKLERİ

1- *Göz ilişkisi:* İnsanların yüzüne bakanlar, bakmayanlardan daha çok hoşa gider. İnsanlarla onları rahatsız etmeyecek ölçüde, ancak mümkün olduğu kadar çok göz ilişkisi kurun.

2- *Yüz ifadesi:* Canlı olun. Mümkün olduğu kadar sıcak ve dostça tebessüm edin ve gülün. Yüzünüz çevrenize olan ilginizi yansıtsın. Donuk ve ifadesiz gözükmekten kaçının.

3- *Baş hareketleri:* Karşınızdaki konuşurken sık sık başınızı hafifçe aşağı yukarı hareket ettirerek onu dinlediğinizi ve anladığınızı hissettirin. Söylenenleri kabul edip etmemeniz önemli değildir, sizinle konuşana "anlaşıldım" duygusu yaşatın. Başınızı hafif dik tutun.

4- *Jestler:* Çok aşırıya kaçmadan, jestlerinizi kullanın. Ellerinizi cebinizde tutmaktan ve kollarınızı kavuşturmaktan, ellerinizle ağzınızı örtmekten kaçının. Açık ve anlaşılır jestleri tercih edin.

5- *Postür (Beden duruşu):* Ayaktaysanız, dik durun. Oturuyorsanız sandalye ve koltuğunuzu tam olarak doldurun ve arkanıza yaslanın. Birisiyle konuşurken ve birisi doğrudan sizinle konuşurken öne eğilin ve ilginizi gösterin.

6- *Yakınlık:* İnsanlara daima onları rahatsız etmeyecek, mümkün olan en yakın mesafede durmaya gayret edin.

7- *Yöneliş:* Daima konuştuğunuz veya sizinle konuşan insana dönük durun. İkiden fazla insanla bir grup oluşturuyorsanız, sizin için önemli olanların dışındakilere merkezini kapatmayın. Mümkün olduğu kadar çok kişiye merkezinizi açık tutun.

8- *Bedensel temas:* İnsanları tedirgin etmeden, mümkün olan her durumda bedensel teması kullanın. Özellikle sizden gençlere, aynı cinsiyetten olanlarla, sizden daha alt statüde olanlarla bedensel temas kurmak için her fırsatı değerlendirin.

9- *Dış görünüş:* Grup normlarına, toplumsal rol ve statünüze uygun giyinin. Giyiminize mümkün olduğunca renk katın. Kadınlar erkeklerden daha çok renk kullanabilir. Saç ve el bakımınıza özen gösterin. Kendinize gösterdiğiniz özen, kendinize verdiğiniz değerin ifadesidir. Günlük tıraşını olmamış bir erkek bıraktığı olumsuz izlenimle ilgili başka bir neden aramamalıdır.

10- *Konuşmanın sözel özellikleri:* Çok fazla ve çok hızlı konuşmaktan kaçının. Bir topluluk içinde dinlediğinize yaklaşık olarak eşit miktarda konuşmaya gayret edin. Sesinizi yüksekliğini ve tonunu, bulunduğunuz çevreye göre ayarlayın.

ÇEVRENİZDEN GÖRECEĞİNİZ İTİBAR VE SAYGI, KENDİNİZE GÖSTERDİĞİNİZ ÖZEN KADARDIR.

DUYGUSAL OLGUNLUK

DUYGUSAL OLGUNLUĞUN GELİŞMESİNDE BEDEN DİLİNİ ANLAMAK VE DOĞRU KULLANABİLMEK ÇOK ÖNEMLİ BİR FAKTÖRDÜR.

İnsan beyninin fonksiyonları üzerinde yapılan son araştırmalarda, insan zekâsının gerçek ölçütünün IQ (Intelligence Quotient) değil, kişilerin EQ düzeyi (Emotional Quotient) olduğu savunulmaktadır.

Zekâdan bahsedildiğinde hemen hemen hepimizin aklına, düşüncesiyle insanlığa yeni bir yol açan Einstein gelir. Yüksek performans gösteren kişilerin doğuştan getirdikleri birtakım özellikleri olduğunu düşünürüz. Bazı kişilerin sahip oldukları bu yetenekleri zamanla gelişirken, bazı kişilerin yeteneklerinin neden köreldiğini de öğrenmek isteriz. Hangi insanların başarılı olacağını, zihnimizin ya da kişiliğimizin hangi özellikleri belirlemektedir?

"Duygusal Olgunluk" kavramı Yale Üniversitesi'nden Psikolog Peter Salovey tarafından 1990 yılında "Duygusal Zekâ" (Emotional Intelligence) olarak ortaya atılmış yine aynı yıllarda New Hampshire Üniversitesi Psikoloğu John Mayer, bu konuyu ele almış ve insanın başarısında duygunun önemli bir yeri olduğunu vurgulamıştır. Bu kavram John Mayer tarafından "Kişinin kendi duygularını anlaması ve yaşam düzeyini yükseltebilecek yönde düzenlemesi, başkalarının duyguları için empati göstermesi" gibi özellikleri tanımlamak için kullanılmıştır.

Aynı konuyla ilgilenen Harward Üniversitesi mezunu Uzman Psikolog Daniel Coleman, bizim "Duygusal Olgunluk" olarak adlandırdığmız yaklaşımı "Kendinin Farkında Olma " (Self Awareness) ve "Ertelenmiş Haz" (Delayed Gratification) gibi iki ayrı başlık altında geliştirmiştir. Bu becerilere sahip kişilerin; beceri düzeylerine göre hayattaki başarılarında artış olduğunu savunmuştur. Bu özelliği "Duygusal Akıl" (Emotional Wisdom) olarak tanımlamıştır. Daha sonra kavrama "Duygusal Zekâ" (Emotional Intelligence) adını vermiş ve 1995 yılı, *Times* dergisi Ekim sayısında konuyu çarpıcı bir başlıkla, EQ adıyla sunmuştur.

Duygular; otonom sinir sistemi ile merkezi sinir sistemi arasındaki ilişki ve işlevlerin bir sonucudur. Beynin alt yapıları ile en üst beyin sistemi olan Neocortex'in (Yeni Beyin Kabuğu) işlevi limbik sistem aracılığıyla düzenlenir. İnsan türünün varolmasını ve varlığını sürdürmesini sağlayan duyular, beynin alt yapılarında kaynağını bulan en temel duygularla beslenir. Beyin kabuğu, kişilerin kendi duygularının farkında olmasına imkân veren bir beyin katmanıdır.

Evde güne kötü bir şekilde başlayan kişi, belki de nedenini bilmeden bütün bir iş gününü iş yerinde iyi olmayan duygular ve olumsuz bir beden dili ile geçirebilir. Duygusal Zekâ (Emotional Intelligence), kişilerin kendi duygularının farkında olmasıdır. Kişi bu duygusal tepkisinin farkına vardığı anda, yani tepki beyin kabuğu tarafından işlemden geçirildiği anda, bu duygu ile olumlu bir biçimde başaçıkabilme olasılığı artar. Bilim adamları bu kişilerin geriye dönüp, yaşadığı bir olaya ilişkin duygularını tanımlayabilme yeteneğine "Metamood" adını vermektedirler.

Duygular genellikle belirsiz ve üstü kapalı bir biçimde ortaya çıktığı için "Metamood" oldukça zor kazanılan bir beceridir. Bir annenin, aniden caddeye fırlayan çocuğuna vurması çocuğun itaatsizliğine karşı bir "öfke" gibi görülse de aslında gerçek duygusu, çocuğun ani davranışı sonucunda meydana gelebilecek muhtemel trafik kazası ile ilgili olarak "korku"dur.

Coleman "Kendinin Farkında Olma Yeteneği"ni (Self Awareness) bireysel kontrolü sağladığı için en önemli yetenek olarak belirtmiştir. Herhangi bir kişi birisine karşı öfke duyabilir ancak önemli olan, doğru kişiye, doğru derecede, doğru zamanda, doğru amaçla ve doğru yolla öfkenizi ifade edebilmektir.

Yapılan bazı araştırmalara göre, kişilerin hayat başarısında IQ'nun yalnızca % 20 role sahip olduğu görülmektedir, esas ağırlık duyguların kontrolündedir.

Pensilvanya Üniversitesi Psikoloğu Martin Seligman'ın yaptığı bir araştırmada; dünyaya iyimser bir açıyla bakabilen kişilerin, iş yaşamlarında daha başarılı oldukları ve herhangi bir başarısızlığa uğradıklarında, bu başarısızlığı doğuştan sahip oldukları kendi zayıflıkları yerine, değişitirilebilecek özelliklere ya da çevresel faktörlere bağladıkları gözlemlenmiştir. EQ, IQ'nun karşıtı değildir, ancak zekânın işlerliğini artırır.

Duygusal iletişimin % 90'ı, sözsüz olarak beden dili ile gerçekleştirilmektedir. Bu nedenle kişilerin beden dilinin farkında olması kendilerini tanımalarında ve iletişimlerini yönlendirmede önemli bir role sahiptir. Hem kendilerinin hem de karşısındaki kişilerin beden dilinde somutlaşan gerçek duygularını anlamak duyarlık gerektirir. Bu duyarlığı geliştirmiş olan kişilerin zekâları normal seviyede olsa da, işlerinde başarılı, aile hayatlarında mutlu ve sosyal yaşamda aranılır olmaktadırlar.

Diğer duygusal yetenekler gibi empati de doğuştan sahip olunan ve sonra deneyimle daha da geliştirilebilecek önemi bir yetenektir. Günümüz insan kaynakları yöneticilerine göre, bir kişinin sahip olduğu zekâ düzeyi (IQ), onun işe alınmasını sağlarken, duygu düzeyi (EQ), o kişinin terfiini belirlemektedir. Artık en iyi performans gösterenler listesinin başında, IQ'su yüksek olanlar ya da teknik bilgisi çok olanların yerini, iş arkadaşları ile sağlıklı iletişimler kurabilen, grup çalışmasına yatkın, duygusal olgunluk düzeyi (EQ) yüksek kişiler almaktadır.

"Duygusal Olgunluk Düzeyi"ni her yaşta geliştirebilme imkânı vardır

Duygusal olgunluk düzeyini geliştirici özellikler şunlardır:

- Duygularımızı ifade eden dilin, beden dilimiz olduğu unutulmamalıdır. Nasıl düşüncenin dili kelimelerse, duyguların dili de bedenimizdir. İnsanın kendini tanıma, kendi amaçlarına ulaşabilme gayretlerinde en önemli adım, beden dilini tanımakla atılır.
- Duygusal olgunlukta ikinci önemli değişken sahip olunan empati becerisinin düzeyidir.
- Duygusal olgunluk basamaklarında ilerleyen insanlar kişiliklerinde hoşgörü ve esneklik özelliklerini geliştirmelidirler.
- Yakın çevreyle kurulan olumlu duygusal ilişki, duygusal olgunluk açısından tanı koymamızdaki en önemli ölçütlerden birisidir.
- Kişilerin ilişkileri içersinde ortaya koydukları tavırlar, sonuç açısından kendi amaçlarına ve toplumsal amaçlara uygun olmalıdır.
- Bireysel olarak geliştirilecek diğer bir özellik sinerjidir. Sinerji; birlikte çalışma ve birlikte yaşamayı besleyen ve geliştiren çağdaş bir beklentidir. İnsanlardan beklenen birlikte kazan-kazan ilişkisini yaratmaları ve uyum sağlayabilmeleridir.

İNSAN KARŞISINDAKİNDEN NELER BEKLER?

İnsanlararası sağlıklı ilişkilerin kurulması için atalarımızdan aldığımız reçete *"karşılıklı saygı ve sevgi"*dir. Saygı küçüklerden büyüklere yönelik davranışlar bütünü, sevgi de bunun karşılığında büyüklerden küçüklere yansıyan bir duygudur.

Saygı ve sevgiyi soyut bir kavram olmaktan çıkartıp, hayata geçirmek ve insanlararası ilişkilerin sağlıklı bir biçimde yürümesini sağlamak ancak somut adımlar atmakla mümkündür. Böylece hem statüleri birbirinden farklı yaşlı-genç, üst-ast, ana-baba-çocuk, öğretmen-öğrenci ilişkilerinde; hem de eşit ilişki içinde almaları beklenen eşler, arkadaşlar ve aynı sosyal çevreyi paylaşan insanlar arasındaki ilişkilerde saygı ve sevginin oluşması mümkün olabilir.

İnsanların karşılarındakinden neler beklediğinin farkında olması ve buna uygun davranması saygı ve sevgiyi aşınmış bir kavram olmaktan çıkartır ve çevremizdeki insanlarla kurduğumuz ilişkileri daha sıcak ve anlamlı kılar.

Unutmayın ki insanların sizden beklediği, gerçekte sizin diğer insanlardan beklediklerinizdir.

Karşınızdakinin Yansıttığı Kişiliği Kabul Edin

İnsanlararası ilişkileri bozmak açısından geçerliliği kanıtlanmış olan kesin bir formül vardır. "Karşınızdakini değiştirmeye çalışın". Göreceksiniz en sevdikleriniz bile sizden uzaklaşmaya başlayacaklardır. Bir insanın davranışını reddetmek onun kişiliğini reddetmektir. Bu sebeple insanlar eleştirilmekten nefret ederler. Eleştirilerinizi karşınızdaki kişinin iyiliği için yapıyor olmanız hiçbir şeyi değiştirmez.

İyi bir ilişki kurmanın altın anahtarı, karşınızdaki insanın yansıttığı kişiliği kabul etmektir. Bu kişinin hatalı yönleri olabilir. Ancak insanlar kendilerini kabul eden kimselerin eleştirilerini dinler ve onlara önem verirler. Eğer karşınızdaki insana yönelik eleştirileriniz varsa bunları kabul ettirmenin ve hataları düzeltmenin tek yolu, o kişinin olumlu özelliklerini fark etmeniz ve bu özellikleri vurgulayarak ona yaklaşmanızdır.

Karşınızdakine Seçim Hakkı Tanıyın

Ne kadar geçerli olursa olsun, insanlar sadece kendilerine gösterilen doğruları uygulamaktan rahatsız olurlar. Unutmamak gerekir ki, kimse kimseye hayatı reçete edemez. Hayat tecrübemiz ve birikimimiz, ancak karşımızdaki ona ihtiyaç duyar ve bize sorarsa, onun açısından bir anlam taşır. İnsanlar anne ve babalarının hayat tecrübelerinden yararlanmak konusunda da fazla istekli değillerdir.

Çoğu durumda insanların kendi yanlışlarını yapmaları ve sonuçlarını yaşamaları eğitici olur. Herkes hayatı kendi yanlışlarını yaparak öğrenir. Hayatın akışını değiştirecek türden olmadıkça insanlara kendi seçimlerini yapmak konusunda şans vermek çatışmaları azaltır.

İster hayat karşısındaki temel tavır ve kararlarla ilgili olsun, ister gündelik olay ve tartışmalarla, "Bir tek doğru var, o da benim söylediğimdir" havasını verdiğiniz zaman, dirençle karşılaşmanız kaçınılmazdır.

İnsanlar kendilerine seçme hakkı verildiğini hissettikleri durumlarda, karşılarındaki kişinin kendilerine sundukları seçenekleri kabul etmeye daha hazır olurlar.

Karşınızdakini Asla Utandırmayın

İnsanlar utandırılmaktan nefret ederler. Bu sebeple de olaya yol açan kendi kusurlarını düşünmek yerine, nefretlerini, kendilerini utandıran kişiye yöneltirler. Hatası ne olursa olsun, başkalarının yanında utandırdığınız, teşhir ettiğiniz kişiyle aranızdaki bütün köprüler atılır. Bu kişi size kin besler, hınç duyar.

Aile bireyleriyle ilgili kusur ve hatalı davranışları başkalarının yanında konuşmak söylediklerinize direnç gösterilmesine ve duygusal olarak sizden uzaklaşılmasına yol açar.

Karşınızdaki Kişiler Övgü ve Onay Beklerler

İnsanlarla olumlu ilişkiler içinde olmanın, onların gönüllerinde farklı bir yere sahip olmanın ve onlara kendimizi ve sözümüzü dinletebilmenin yolu onların olumlu özelliklerini fark etmek ve bu konuda olumlu geri bildirimde bulunmaktır. Böyle bir yaklaşım, Türkiye'de geleneksel, "hataları düzelterek doğruları göstermek" anlayışıyla çelişmektedir. Oysa çağdaş anlayış "yanlışları değil, doğruları yakalamaktır".

Bunu yapabilirseniz, söylediğiniz her şeye ve eleştirilerinize daha çok kulak verirler.

İnsan davranışını değiştirmek ancak olumlu ve istenen yöndeki davranışların yapılan olumlu geri-bildirimlerle pekiştirilmesiyle mümkündür. İnsanları sadece hatalı davrandıkları zamanlarda hatırlamak ve onlara olumsuz ilgi göstermek yerine, her konuda gösterdikleri gayreti fark ederek, olumlu ilgi göstermek, onların kendilerine olan güvenlerini artırır ve buna katkıda bulunduğunuz için de size farklı bir yer verilmesini sağlar.

Karşınızdakine Size Yardım Etme Fırsatı Verin

Kendisine ihtiyaç duyulduğunu bilmek herkesi mutlu eder. İnsanlar güçlerini gösterebilmek ve kendilerini kanıtlayabilmek için çevrelerine ve size bir şeyler verebilmek konusunda büyük bir istek duyarlar. Onlara size ve çevrelerine yardımcı olabilecekleri fırsatlar yaratın ve bu özelliklerinden yararlanın. Böylece karşınızdakine kendisinin önemli olduğunu hissettirmiş, kendinize bağlamış, onun kendisine olan güvenini yükseltmiş olursunuz.

Karşınızdakine Doğru Bilgi Verin

Hangi nedenle olursa olsun, karşınızdakine gerçek dışı bir bilgi vermeyin ve samimi olmayan ifadeler kullanmayın. İster "Nasıl olsa anlamaz", ister "Bunu onun iyiliği için veya üzmemek için söylüyorum" gibi bir gerekçeye dayansın, doğru olmayan bir ifade veya yaklaşım en kısa zamanda sezilir ve karşınızdaki kişiyle sizin aranızdaki güven köprüsünün yıkılmasına sebep olur.

İnsanları hiçbir şey samimiyetsizlik veya aldatmak kadar olumsuz etkilemez. Kendimizi olduğumuzdan daha farklı göstermek, duygusunu olduğundan daha farklı ifade etmek karşınızdakiler tarafından çok kısa bir süre içinde algılanır. Bunu önlemek için karşınızdakine daima doğru bilgi verin ve onlara karşı dürüst olun. Verdiğiniz bilgi hoşlarına gitmese de, davranışınız hoşlarına gidecek ve size güven duyacaklardır.

Karşınızdakini İyi Dinleyin

Bütün insanlar söyleyeceklerinin önemli ve değerli olduğuna inanırlar. Karşınızdaki kişiye verdiğiniz değerin en önemli göstergesi onu dinlemek için ayırdığınız süre ve dinleme biçiminizdir. "Ne söyleyeceğini çok iyi biliyorum" diye düşünerek karşınızdakinin sözünü keserseniz, biraz sonra onun daha önce söylediklerini tekrarlamaya başladığını görürsünüz.

Karşınızdakinin ne söyleyeceğini kelimesi kelimesine bildiğiniz durumlarda bile karşınızdakini dinleyin. Eğer dinlediğinizden anladığınızı kısa bir özet yaparak geri bildirirseniz, karşınızdaki kişinin rahatladığını görürsünüz. Çünkü insanlar kendi söylediklerini karşılarındakinin ağzından duyarsa rahatlar ve "Anlaşıldım" duygusunu yaşarlar.

Karşınızdaki kişi, daha önce söylediği bir şeyi tekrarlıyorsa bunun iki sebebi olabilir. Ya kendisini anladığınızdan kuşkuya düşmüştür veya o konu üzerinde duygusal enerjisi o kadar yoğundur ki, bunu tekrar tekrar konuşmak ihtiyacı hissetmektedir. Bu ihtiyaca karşı duyarlı olun.

Siz bu şekilde davranırsanız, büyük bir ihtimalle karşınızdaki kişilerin de sizin söylediklerinize özel bir önem vermeye başladıklarını görürsünüz.

Eğer karşınızdaki kişiyi dinlemeye vaktiniz yoksa, onu başınızdan savmak veya sözünü kesmek yerine, bunu kendisine açıkça belirtin ve konuşulan konuyu size uygun bir zamanda görüşmek üzere davet edin.

Giyiminize ve Dış Görünüşünüze Özen Gösterin

İnsanların karşısına mümkün olduğu kadar temiz, düzenli, bakımlı ve iyi giyimli olarak çıkın. Bunun için mutlaka büyük maddi imkanlara sahip olmak gerekmez. Saçınıza, bakımınıza, el ve ayak temizliğine özen gösterin. İnsanın kendine bakımı, kendisine olan saygının aynasıdır. Kendi bakımına ve dış görünüşüne her ne nedenle olursa olsun özen göstermeyen bir kişi, başkalarından da kendisine saygı beklemiyor demektir.

Kendinizi iyi hissetmediğiniz günlerde, kişisel bakım ve giyiminize özel bir önem verirseniz, kendinizi daha iyi hissetmeye başlarsınız. Böyle bir günde, baştan savma giyinir, bakımınızı ihmal ederseniz, kendinizi daha kötü hissetmeye başlarsınız ve başka insanlar üzerinde de iyi bir etki bırakmazsınız.

Bir erkeğin günlük sakal tıraşını olmaması, ona derbeder bir görüntü verir. Bazı erkekler pazar günleri ciltlerini dinlendirdiklerini söyleyerek aileleri ile geçirdikleri tek günde onlara kötü bir görüntü sunarlar. İnsanın cildi, neye alışmışsa, o düzende rahat eder. Hergün tıraş olmanın cilt üzerinde hiçbir olumsuz etkisi yoktur.

İnsanlar karşılarındaki kişiyi, edindikleri ilk izlenime göre kafalarındaki bir çekmeceye oturturlar. Siz kendinizi hangi çekmeceye layık görüyorsanız, ona uygun bir dış görünüşe sahip olmak için gayret harcayın. Karşılığını fazlasıyla aldığınızı göreceksiniz.

İNSANLARLA İLİŞKİLERİ ENGELLEYEN VE KOLAYLAŞTIRAN DAVRANIŞLAR

İnsanlarla olan ilişkilerimizde, onlara karşı olan tutum ve davranışlarımız, onlarla kuracağımız ilişkinin niteliğini ve geleceğini belirler. İnsanlardan aldığımız karşılık, hemen hemen hiç şaşmaz biçimde, onlara karşı takındığımız tavır ve tutumla ilgilidir.

Yapılan araştırmalar, insanlararası ilişkilerde, ilişkinin olumlu bir biçimde gelişmesini engelleyen veya ilişkinin olumlu bir biçimde gelişmesini kolaylaştıran tutum ve davranışların anlaşılmasına yardımcı olmuştur.

Ellerin kenetlenmesi, kolların kavuşturulması, bacak bacak üstüne atılması ve geriye doğru yaslanarak oturulması ilişkiyi olumsuz yönde etkilerken; kolları kavuşturmadan, bacak bacak üstüne atmadan oturmak ve elleri açarak öne doğru eğilmek açık bir insan olduğunuz izlenimini yaratarak ilişkiyi kolaylaştırır.

Karşıdaki kişinin yüzüne bakmadan ve gözleri kaçırarak konuşmak o kişide kendisine değer verilmediği duygusunu doğuracağı için ilişkiyi zorlaştıracak; karşıdaki kişinin yüzüne bakılması, mümkün olduğu kadar göz teması kurulması ise ilişkiyi olumlu yönde etkileyecektir.

Konuştuğumuz kişinin adını öğrenmemek, ondan adı yerine, sık sık "siz", "hanımefendi" veya "beyefendi" gibi kişisel olmayan bir ifadeyle söz etmek ilişkiyi olumsuz yönde etkiler. Buna karşılık konuştuğumuz kişinin adını öğrenmeye gayret ederseniz ve unutmamak için ilişkinin başlangıcında kullanırsanız karşınızdaki kişinin size yakınlık hissetmesine yardımcı olursunuz. Tanıştırıldığınız sırada, size tanıştırılan kişinin adını duyamazsanız, bunu o zaman sormakta tereddüt etmeyin. Çünkü daha sonra, "Adınız neydi?" diye sorusuyla karşılaşmak insanı rahatsız eder.

Karşınızdaki kişiye verdiğimiz önemin en başta gelen göstergesi, onun adını öğrenmek ve kullanmaktır. Unutmayın ki, bütün dünyada ve bütün dillerde insanlar için en güzel kelime kendi isimleridir.

İlişkide olduğumuz insanlarla karşı karşıya oturmak, ister istemez bir rekabet ortamı yaratır. Satranç, iskambil, tavla gibi oyunlarda insanlar karşı karşıya otururlar ve bütün bu oyunlarda bir galip bir de mağlup, yani rekabet vardır. İlişkide olduğunuz kişiyle 90°lik bir açıyla oturmak, bu rekabet duygusunu ortadan kaldırır. Eğer durum elveriyorsa, ilişkide olduğunuz kişinin yanına oturunuz. Böylece işbirliği ihtimalini ve karşılıklı olarak yaşanan olumlu duyguları artırmış olursunuz.

İnsanların en başta gelen ihtiyaçlarından biri "anlaşılmak"tır. Bu sebeple karşımızdaki kişiyi hiç ses çıkarmadan ifadesiz bir şekilde dinlersek onu dinleyip dinlemediğimizi, anlayıp anlamadığımızı ve fikirlerine katılıp katılmadığımızı bilemez ve bu durumdan büyük rahatsızlık duyar. Buna karşılık karşımızdaki kişi konuşurken "evet", "anlıyorum", "ya demek öyle", "gerçekten mi?" gibi yapmacık olmayan bir tonda ve onu dinlediğimizi belirten sözler söyler, başımızla onaylar ve hafif bir tebessümle dinlersek, onun rahatlamasına, "anlaşıldım" duygusu yaşamasına ve kendisini iyi hissetmesine imkân sağlarız. Bu durum da ilişkinin gelişmesine yardımcı olur.

İnsanlarla ilişkinizi bozmak istiyorsanız, onlarla aynı fikirde olmadığınız konuları konuşun. Özellikle onların din, siyasal tercih veya taraftarı oldukları takımla ilgili inançları konusunda hatalı olduklarını düşündüğünüz noktalar üzerinde durun. Bunu birkaç kere tekrarladığınızda en yakınlarınızın bile sizden nefret etmeye başladığını göreceksiniz. Günlük konularda bile karşınızdakiyle aynı fikirde olmamanız onunla duygusal bir gerginlik yaşamanıza sebep olur. Bu nedenle sohbet ve yaklaşımlarınızda olumsuz izlenim yaratmak istiyorsanız farklılıkları, olumlu izlenim yaratmak istiyorsanız, benzerlikleri vurgulayın.

Karşınızdaki kişinin görüşünü ve duygularını kabul etmezseniz, onun yaşadığı gerginliği en azından beden dilinden fark edebilirsiniz. Buna karşılık ilişkide olduğunuz kişiye hak vermeseniz bile onun duygularını anladığınızı ve olayları kendi görüş açısından yorumlamasına hak verdiğinizi söylerseniz ilişkiyi olumlu yönde etkilemiş olursunuz.

Bir konuşma sırasında aynı fikirde olmadığınız durumlarda söze "Hayır", "Yanılıyorsunuz", "Bu çok saçma" diye başlarsanız, karşınızdaki kişiyle uzlaşma şansınızı kaybedersiniz. Oysa aynı fikirde olmadığınız durumlarda, söze olumsuz bir karşı çıkış cümlesiyle başlamadan önce sebeplerinizi sıralayıp, sonra yumuşak bir sesle kendi görüşünüzü dile getirirseniz, konuşma tartışmaya ve karşılıklı zorlamaya dönüşmeden daha olumlu bir hava içinde gelişir.

Karşınızdaki kişinin fikir ve görüşlerinde boşluklar arayıp, bunu ortaya koyarsanız, sizden uzaklaşmasına; onun görüş ve fkirlerini geliştirici yaklaşımlar yaparsanız, size yakınlık duymasına yol açarsınız.

Benzer şekilde bazı kimseler, karşılarındakiyle aynı fikirde olmamayı "erdem" sayarlar. Bu tutum, ilişkiyi olumsuz yönde etkilerken, aynı fikirde olunan noktaların sebepleriyle açık olarak söylenmesi, karşımızdaki kişinin kendisini değerli hissetmesine yol açar ve ilişkiyi olumlu yönde etkiler.

İnsanlararası ilişkileri bozmanın hiç şaşmaz bir kuralı vardır. Bu hem yakın ilişkide olduğumuz kişiler, hem de yeni tanıdıklarımız için geçerlidir: İlişkinizi bozmak istiyorsanız onları eleştirin ve yargılayın. "Açık sözlülük" sloganı altında "hatalarını yüzlerine söyleyin" ve "değişmelerini" isteyin. İnsanlararası ilişkileri geliştirmek için ise bunun tersini yapın, yargılayıcı ve eleştirici olmayın ve onları oldukları gibi kabul edin.

Her şeyin değişmeden sürdüğünü, bir şeyleri değiştirmeye çalışmanın boş bir çaba olacağını söylemek ve umutsuz bir tavır takınmak, karşımızdakileri de karamsarlığa sürükler ve olumsuz duygular yaşatır. Buna karşılık karşımızdaki kişinin konuştuğu konuyla ilgili sözler söylemek ve geleceğe dönük umutlu bir tavır içinde olmak bizimle ilişki kuran kişiye olumlu duygular yaşatır. İnsanlar kendilerine sıkıntı verenlerden uzaklaşır, hoş duygular yaşatanlara yakınlaşır.

Bunlardan başka ilişkide bulunduğumuz kişiye "evet", "hayır" şeklinde cevap verilmeyecek açık uçlu sorular sorarsanız, onun anlattığı veya söylediklerini sadece dinlemekle yetinmeyip özetleyerek tekrarlarsanız, ona isim kartınızı veya üzerinde not olan bir kâğıt bile olsa bir şeyler verirseniz, bir sorunun cevabını bilmediğinizde bunu açıklıkla dile getirir, bir hata yaptıysanız bunu içtenlikle kabul ederseniz, uygun düşen durumlarda insanlara dostça temas ederseniz, onlarla ilişkinizi olumlu yönde geliştirmek konusunda önemli adımlar atmış olursunuz.

İnsanların birbirlerine duydukları sempati ve antipatiler, onlar tam olarak fark etmeseler bile sebepsiz değildir.

Unutmayın ki, insanlar beden dili konusunda bildiklerini düşündüklerinden daha fazlasını bilirler. Bu sebeple bu kitaptaki bilgileri kullanarak hem kendi beden dilinizi kontrol edip, hem de çevrenizdeki insanların beden dili işaretlerine duyarlı olabilir ve onlarla olumlu ilişkiler geliştirebilirsiniz.

İnsanlar anlaşılmak ve önem verilmek isterler. Bu sebeple olumlu insan ilişkilerinin temelinde onları anladığınızı ve önem verdiğinizi hissettirmek yatar.

Diğer insanlarla kurduğumuz ilişkide, sizin seçeceğiniz davranış aranızdaki ilişkiyi belirleyecektir. Davranışınız neyse, siz de o'sunuz. Dünyadan alacağınız karşılık, dünyaya verdiğiniz tepkiye bağlıdır. İnsanları dinleyin, anladığınızı belirtin, doğrudan göz ilişkisi kurun ve gülün, göreceksiniz insanlar size daha dostça ve yakın davranacaklar, sizinle ilgili olumlu duygular besleyeceklerdir. Bu da başarınızı ve hayattan aldığınız doyumu artıracaktır.

Kaynakça

Baltaş, A., Baltaş Z. : *Stres ve Başaçıkma Yolları.* Remzi Kitabevi, 16. Basım, 1997, İstanbul.

Cooper, K. : *Sözsüz İletişim.* İlgi Yayınevi, İstanbul, 1989.

Cüceloğlu D. : *Üç Farklı Kültürde Yüz İfadeleri ile Bildirişim.* İstanbul Üniversitesi Tecrübi Psikoloji Çalışmaları, 6,49-112, 1968.

Cüceloğlu, D.: *İnsan ve Davranışı.* Remzi Kitabevi, 1991, İstanbul.

Davis, F. : *Inside Intutition.* Signet Books, New York, 1973.

De Joria, A.: *La Mimica Degli Antichi Investigata Nel Gestire Napoletano,* Napoli, 1832. cit. Manwatching. D. Morris. Grafton Books, London, 1989.

Diekman, J.R. : *Get Your Message Across.* Prentice-Hall Inc. New Jersey, 1979.

Erzurumlu İ. Hakkı : *Marifetname.* T. Ulusoy'un sadeleştirmesiyle, Hasankale, İ. Hakkı Hz. Cami ve Külliyesi Yaptırma ve Yaşatma Derneği Yayını, 1990.

Fast, J. : *Body Language.* Pocket Books, New York, 1971.

Izard, C.E. : *Facial Expression, Emotion and Motivation in Nonverbal Behavior.* Ed by Aaron Wolfgang. Academic Press, New York, 1979.

Lyle, J. : *Understanding Body Language.* Hamlyn Pub. Ltd. London, 1989.

Malcho, S. : *Körpersprache.* Mosaik Verlag, München, 1983.

Morris, D. : *Manwatching.* Grafton Books, London, 1989.

Papalia, D. E., Olds, S. W. : *Psychology.* Mc Graw-Hill, New York, 1988.

Pease, A. : *Body Language.* Sheldon Press, London, 1989.

Wainwright, G. R. : *Teach Yourself Body Language.* Hodder and Stoughton, Kent, 1990.

Wolfgang, A. (Ed) : *Nonverbal Behavior.* Academic Press, New York, 1979.